L'EUROPE RACONTÉE
À MON FILS

DU MÊME AUTEUR

Les Grands Patrons, Plon, 1998.
La Mémoire du cœur, Fayard, 1997.
La Liberté de la presse, Milan, 1997.
Portraits d'ici et d'ailleurs, Éditions de l'Aube, 1994.
Les Uns et les Autres, Éditions de l'Aube, 1993.
Duel, Hachette, 1988.
Dans le secret des princes, Stock, 1986.

CHRISTINE OCKRENT
avec la collaboration de
MICHEL-ANTOINE BURNIER

L'EUROPE RACONTÉE À MON FILS

De Jules César à l'euro

ROBERT LAFFONT

ISBN 2-221-08963-4

1

SUR LES GENOUX DE PAUL-HENRI

L'Europe, cher Alexandre, est chez nous affaire de famille : une dimension acquise, un horizon connu, une frontière instinctive. Nous sommes toujours surpris d'en entendre parler comme d'une terre étrangère, pleine de menaces et de bêtes sauvages. Nous pensons au contraire que l'Europe porte fièrement son nom, celui d'un continent débordant de promesses et de richesses qui nous appartient de plain-pied et de plein droit.

L'Europe de mon enfance ne ressemblait pas à la tienne. Elle portait encore les cicatrices de la guerre, la dernière guerre mondiale où l'Allemagne d'Hitler avait mis nos pays à feu et à sang et légué à jamais aux générations suivantes la douleur ineffaçable du génocide. Le premier souvenir que j'en ai, brouillé comme la petite enfance, est celui de ton grand-père rentrant de Washington. Il ouvrit devant nous une énorme malle en cuir bordeaux, que tu peux retrouver à la cave, bourrée d'objets que je n'avais jamais vus : des bas Nylon pour ta grand-mère, des microsillons 33 tours, un tourne-disque, et pour ta tante et moi des anoraks bleu ciel qui nous firent moins d'effet que les toupies électriques mais malheureusement beaucoup plus d'usage. Il était allé en Amérique en avion ! À l'époque, il y avait un vol par semaine et la traversée durait au moins seize heures.

Ton grand-père avait rencontré Truman, petit bonhomme à lunettes, un ancien épicier qui avait succédé à Roosevelt comme président des États-Unis. Il en rapportait la photo dédicacée. Il rapportait surtout beaucoup de dollars à distribuer, car il faisait partie de la délégation belge qui avait négocié le plan Marshall.

George Marshall, ancien général américain, avait imaginé que les États-Unis, par un gigantesque effort financier, devaient aider l'Europe à balayer ses ruines, à relancer la construction et l'économie, afin de remettre sur pied nos régimes démocratiques et de faire face au bloc communiste organisé par l'Union soviétique. C'était aussi ouvrir de nouveaux marchés aux produits américains. Ce fut surtout pour les pays d'Europe occidentale la chance de redémarrer, d'améliorer au plus vite le niveau de vie de populations qui avaient beaucoup souffert et de comparer leurs expériences. Car en contrepartie les États-Unis voulaient regrouper leurs partenaires au sein d'une organisation internationale — l'OECE, Organisation européenne de coopération économique —, l'équivalent de ce qu'est l'OTAN sur le plan militaire : une instance de coopération, de coordination et de compensation réunissant les États-Unis et leurs alliés. Il fut décidé que l'OECE s'installerait à Paris, ce qui te concerne directement puisque ton grand-père, nommé ambassadeur auprès de cette nouvelle organisation, nous fit alors quitter Bruxelles et m'inscrivit dans une école française.

Le patron de ton grand-père s'appelait Paul-Henri Spaak. À la manière de Léopold II, le roi belge qui dota son tout petit pays d'un grand empire colonial, on le surnommait « le géant dans un entresol ». Homme politique, socialiste, il avait fait partie du gouvernement qui, lors de l'occupation de la Belgique par les Allemands, avait préféré l'exil à Londres à la collaboration. Après la guerre, il devint Premier ministre et fit appel à ton grand-père pour diriger son cabinet. Grâce au brio, à l'intelligence, au talent, à l'énergie de Paul-Henri Spaak, la Belgique acquit dans les affaires internationales et européennes une influence hors de proportion. Il traitait d'égal à égal avec les grands dirigeants de l'Europe d'alors, le Français Robert Schuman et Jean Monnet, son inspirateur, l'Italien Alcide De Gasperi, l'Allemand Konrad Adenauer. Tous ces hommes partageaient pour leur propre pays et pour leur continent une même vision, celle d'un vaste ensemble qui, par sa vigueur économique et ses valeurs communes, garantirait à l'Europe la paix et la prospérité.

Paul-Henri Spaak négocia et signa pour la Belgique le traité de Rome qui, en avril 1957, donna naissance à l'Union européenne telle que tu la connais aujourd'hui.

Spaak, tu l'auras compris, fut avec mon père le grand homme de mon enfance, celui dont je guettais l'ombre, accroupie dans l'escalier pour apercevoir les invités, les soirs où mes parents recevaient à dîner. Comme Churchill auquel il ressemblait en plus débonnaire, il paraissait grand pour un homme rond, corpulent dans son costume à gilet, avec de grosses lunettes d'écaille et un énorme crâne chauve. Ton grand-père avait lui aussi perdu ses cheveux tout jeune ; la calvitie me parut longtemps un signe distinctif de l'intelligence. Spaak ne s'intéressait guère aux petites filles, mais plus tard, quand je fus en âge d'Université et de corvée d'exposés, il me reçut plusieurs fois, avec gentillesse et un peu d'amusement. Je me souviens d'un bureau qui me parut alors petit pour contenir un tel morceau d'histoire. Mes premiers exposés, tu l'avais deviné, portaient sur la construction européenne.

À la maison, on en parlait beaucoup. L'Europe était le métier et la passion de ton grand-père. À la tête du comité exécutif de l'OECE, devenue plus tard OCDE, il avait signé un plan qui proposait aux pays membres un système de zone de libre-échange. À cette époque la Grande-Bretagne et ses amis s'opposaient au Marché commun (ou CEE). Ton grand-père cherchait un compromis. La France n'était pas d'accord. Je me rappelle encore avec un pincement d'humiliation que Georges Pompidou, alors Premier ministre, apostropha la toute jeune fille que j'étais lors d'un cocktail : « Alors, mademoiselle, votre père est toujours aussi anti-français ? » Je rougis et ne sus quoi répondre. Ce fut l'une de mes premières expériences dans l'univers de la politique ; je compris que, chez ceux qui le pratiquent, le trait d'esprit n'est souvent que méchant, et pas forcément drôle.

Tu le vérifieras, dans les périodes de bonheur les souvenirs d'enfance sont rarement teintés de politique. En fouillant ma mémoire, je me souviens vaguement de la question royale qui déchirait la Belgique des années cinquante : le roi Léopold III, critiqué pour sa conduite pendant la guerre, devait-il abdiquer en faveur de son fils Baudouin ? Tu n'imagines pas les bagarres en cours de récréation. On me tirait les tresses, c'est ce que j'en ai retenu, avec le sourire timide de ce tout jeune homme triste, Baudouin Ier, qui devint, pour son peuple, un grand roi.

Puis il y eut la querelle de la CED, la Communauté européenne de défense : fallait-il ou non que l'Europe se dotât d'une armée commune ? Ce fut en France une grande bataille politique, une fracture qui divisa longtemps les partis et les familles, avec son cortège de slogans et de graffitis que je remarquais sur le chemin de l'école. La télévision existait peu, et les Guignols encore moins : les enfants ne partageaient que par procuration l'univers et le vocabulaire des adultes.

En France, les passions furent bientôt embrasées par l'Algérie et par de Gaulle, jusqu'en 1968. On était loin de l'Europe, qui pendant ce temps poursuivait son chemin dans l'indifférence. Nous fûmes quelques-uns malgré tout, dans le Sciences Po des années soixante, à fonder un club européen aux activités et aux ambitions modestes. Les étudiants les plus agités étaient communistes, sartriens, gauchistes, fascistes. Nous, nous rêvions d'une unité, d'échanges et de voyages. La voiture représentait alors la liberté, les charters n'existaient pas, l'Amérique était loin, les virées en Allemagne ou à Copenhague conduisaient aux auberges de jeunesse. L'Angleterre, ses biscuits et son porridge nous menaçaient de kilos superflus gagnés chez des familles parcimonieuses et mal chauffées. J'eus la chance de passer un an à Cambridge, sans grossir, entre les collèges gothiques et les bals de mai, et devins à jamais acquise aux charmes de l'esprit anglo-saxon. Quand je voulus poursuivre mes études dans une université américaine grâce à une bourse chèrement conquise, j'entrepris, pour clore mon cycle français, un début de mémoire sur « Le Kennedy round, ou les négociations commerciales entre la Communauté européenne et les États-Unis ». Quel courage, et quelle innocence ! Autant te l'avouer : je ne l'ai jamais terminé.

Pour mener mes recherches j'avais trouvé mon premier boulot : stagiaire au bureau d'information des Communautés à Paris. Je rencontrais là des gens charmants, disciples de Jean Monnet et des pères fondateurs, à commencer par François Fontaine, des hommes qui avaient connu la guerre et croyaient à l'Europe avec sentiment. Nous produisions des brochures bleutées et étoilées où il fallait expliquer la politique agricole commune et les montants compensatoires, rappeler les grandes figures et les étapes principales, énumérer les organismes et les mécanismes, les signes et les règles, bref faire à longueur de temps la pédagogie de la construction européenne. J'en découvrais en même temps la complexité, les contradictions, les tourments et l'évidente nécessité. Voilà bien longtemps que mon stage est terminé, mais l'Europe ne m'a plus quittée.

C'est son histoire que j'ai maintenant envie de te raconter, une épopée dont le rappel nous éblouit encore aujourd'hui, de Jules César à l'euro, des cathédrales à l'invention du capitalisme, de Charlemagne à l'Union européenne. Cette culture et ces valeurs nous ont faits ce que nous sommes. Après tout, n'es-tu pas à la fois français et belge, un peu flamand et un peu provençal, vaguement polonais et même lituanien, avec quelques apports d'Espagne et d'Italie ? Pour le siècle qui commence, un vrai descendant d'Europe.

2

LES AVENTURES DE LA PRINCESSE EUROPE

Pourquoi Europe ? Parce que, d'après les anciens Grecs, Europe était le nom d'une jolie princesse phénicienne, fille d'Agénor, roi de Tyr et de Sidon. L'histoire a commencé cinq générations avant la naissance d'Héraclès (Hercule), à cette époque bénie où les dieux descendaient volontiers sur la terre.

Un matin de printemps, Zeus (Jupiter), le maître des dieux, se pencha à son céleste balcon et regarda dans la direction de ce que l'on appelle aujourd'hui le Liban. Écartant les nuées, il vit une jeune fille ravissante et pure, qui batifolait avec ses compagnes dans les prés fleuris au bord de la mer. C'était la princesse Europe et Zeus en tomba aussitôt amoureux.

Tu sais que Zeus était de nature coquine et souvent infidèle à Héra (Junon) son épouse. Pour tromper celle-ci, il se transforma en taureau, blanc disent les uns, couleur châtaigne disent les autres, mais tous assurent qu'il faisait un taureau superbe, le front marqué d'un disque d'argent et les cornes parfaites en croissant de lune. Le faux taureau se mêla à un troupeau, puis s'approcha doucement de la princesse et de ses amies. Il était plus câlin que menaçant. Le premier instant de crainte passé, Europe s'amuse avec le gros animal, le caresse, lui glisse des fleurs dans la bouche, accroche des guirlandes à ses cornes. Le taureau exhale une odeur délicieuse, il meugle avec une harmonie rare chez les bovins. Pour rire, la princesse monte sur le dos du charmant quadrupède.

Alors celui-ci s'élance vers la mer, plonge dans les vagues, Europe effrayée s'agrippe à la corne droite et sans lâcher son panier de fleurs relève sa robe pour ne pas se tremper. Elle supplie la bête de ne pas la noyer ou l'abandonner sur une île déserte. « Ne crains rien, répond Zeus, je suis le roi des dieux et je t'aime. »

Il dépose enfin la princesse sur une terre ferme. La plupart pensent qu'il s'agit de la Crète, île chérie de Zeus. Quelques imaginatifs tiennent pour un continent alors inconnu, qui prendra ensuite le nom de la sympathique princesse : notre Europe.

Encore fallait-il conclure, et là aussi les hypothèses divergent. Pour les optimistes, Zeus recouvra son apparence divine (c'est-à-dire humaine) et s'unit joyeusement à la princesse consentante dans un bois de saules. D'autres, plus sombres, racontent que le roi des dieux se métamorphosa en aigle et qu'il viola sa proie sous un platane.

« Je te donnerai des fils glorieux qui exerceront leur pouvoir sur tous les hommes », promit Zeus. En effet, de l'aventure naquirent trois enfants, dont le fameux Minos, roi légendaire de Crète et juge des Enfers.

Pendant ce temps-là, les frères d'Europe cherchaient partout leur sœur, sans avoir la moindre idée de l'endroit où elle avait été transportée. À l'occasion d'immenses périples, ils fondèrent des cités sur leur passage, jusqu'en Espagne, en Sardaigne et en Afrique du Nord.

Telle est l'histoire d'Europe selon la mythologie. L'enlèvement de la belle princesse, le charme de ses compagnes dénudées, les petits amours qui voltigent, le taureau énamouré au mufle rose fourniront un magnifique sujet aux grands peintres, de Véronèse à Titien, de Boucher à Gustave Moreau.

Cela n'explique toujours pas pourquoi l'Europe s'appelle Europe. En réalité, les Grecs ont bien mal connu notre continent. Du temps d'Homère, l'Europe se limite pour eux aux rivages de la Méditerranée. À l'apogée de la civilisation athénienne, cinq siècles avant Jésus-Christ, les voyageurs et les colons ne dépassent guère la Sicile et Marseille, ils ignorent la plus grande partie de l'Italie, la quasi-totalité de la Gaule et de la Germanie. Ils attendent 340 avant notre ère pour écouter les récits incroyables d'un

Phocéen de Marseille, Phythéas, qui avait longé l'Angleterre et poussé jusqu'aux brumes mystérieuses de la mer Baltique.

Hérodote, le premier historien, s'était interrogé « Je ne puis conjecturer pourquoi, la terre étant une, on lui donne trois différents noms de femmes : Europe, Asie, Libye. »

Je ne peux pas t'en dire davantage, et tu n'en sauras pas plus.

3

L'EUROPE EST NÉE À ALÉSIA

L'Europe, la vraie, avec son marché commun et sa monnaie unique, a déjà existé il y a vingt siècles : elle se nommait l'Empire romain. Elle est née lors d'une affreuse défaite gauloise, en 52 avant Jésus-Christ, sur le plateau d'Alésia. Jules César l'envahisseur assiège la place forte ; Vercingétorix — qui a fédéré autour de lui une partie des peuples gaulois — résiste ; César disperse une immense armée de secours ; Vercingétorix capitule. Les armées romaines s'emparent de la Gaule après une guerre de dix ans.

Malgré le récit de César, nous ne savons pas grand-chose de la bataille. Ne me demande pas où se trouve Alésia. Les spécialistes se disputent encore sur trois sites possibles. Qui est Vercingétorix ? Un jeune prince arverne : il a vingt ans lors de son dernier combat. Mais ce n'est pas sérieux de le considérer comme le fondateur du patriotisme français ainsi qu'on l'a prétendu au XIXe siècle. César le tient pour un freluquet qui brave les autres chefs gaulois à la tête d'une bande de casseurs. Un historien a même prétendu qu'il s'agissait d'un agent double manipulé par Rome, et qui aurait tranquillement terminé sa vie sous un faux nom dans une ville du sud de l'Italie. Qu'importe ! Nous pouvons peser l'événement à la mesure de ses prodigieuses conséquences. Celles-là ont transformé la vie des quatre-vingts générations qui nous précèdent, et la mienne comme la tienne. Alésia est à ma connaissance la seule défaite qui ait donné son nom à une rue et un quartier de Paris, encadrés par les rues victorieuses de Gergovie et de Tolbiac.

Cruelle naissance de l'Europe : c'est la première guerre des nations sur notre continent. Jusque-là, des tribus et des petits peuples en peaux de bêtes s'affrontaient et retournaient leurs alliances, querelles de provinces et migrations. Dans la guerre des Gaules, on trouve des Helvètes (des Suisses) et des Belges — les plus vaillants —, des Germains menaçants, des Gaulois collaborateurs et des Gaulois résistants, des Romains bien sûr. Les Romains accèdent enfin à l'ouest et au nord du continent, César ira jusqu'en Bretagne et en Germanie. Il réunit en vainqueur ces peuples et ces régions auparavant séparés : bouleversant l'histoire, il crée pour plus de deux mille ans une entité de commerce et de culture que les barbares, les barons, les rois, les ambitions, les grands conflits, les révolutions n'ont jamais pu complètement défaire.

Les débuts sont rudes. Nous admirons tous la civilisation romaine, nous sommes fiers d'y puiser une bonne part de nos origines, de nos langues et de nos pensées. Mais elle a une tare : la cruauté. Cruauté de l'esclavage, cruauté des jeux du cirque, cruauté dans l'énormité des massacres. Sur environ cinq millions d'habitants, la guerre des Gaules fait entre neuf cent mille et deux millions et demi de morts, près de la moitié de la population.

Après la prise d'Avaricum (Bourges), les Romains exterminent quarante mille personnes, hommes, femmes, vieillards et enfants. Ailleurs, on coupe la main droite à tous les résistants. César réduit la population des Helvètes de trois cent soixante-dix mille à cent trente mille personnes. Partout l'on pille. Impôt à payer par les vaincus : quarante millions de sesterces. Ne me demande pas de convertir cette somme en euros, c'est à peu près impossible : nos économies et nos finances, le prix du travail et des biens sont trop dissemblables. Sache seulement qu'elle est considérable. La guerre des Gaules fournit à Rome un million de prisonniers déportés et vendus comme esclaves.

César n'exercera sa clémence qu'après la fin de tout mouvement de résistance.

Au moins l'Europe est faite, diras-tu. Oui et non. On oublie trop souvent que son sort se joue à nouveau lors d'une autre bataille aussi importante qu'Alésia : celle d'Actium, vingt et un ans plus tard, à l'ouest de la Grèce. Les héritiers de César s'affrontent. D'un côté Octave, que l'on nommera plus tard Auguste (le Vénérable), attaché à l'Occident dont il sera le plus grand administrateur. De l'autre Antoine, l'amant de Cléopâtre, reine d'Égypte, et tourné vers l'Orient. Cléopâtre, son nez, sa beauté, les films d'Hollywood et l'album d'Astérix, tu t'y retrouves ?

Si Antoine et Cléopâtre l'emportent, alors Rome s'étendra vers l'est et le sud, abandonnant la Gaule à elle-même, à ses guerres intestines et aux invasions des Germains : pas d'Europe avant longtemps, pas de civilisation gréco-latine à l'ouest du continent.

Si Octave-Auguste s'impose, ce sera l'inverse : non pas une royauté asiatique, mais l'organisation d'un empire républicain qui s'appuiera d'abord sur l'union de Rome et de la Gaule.

Actium va décider du sort du monde.

Énorme bataille navale, des Romains contre des Romains, avec les trirèmes, les catapultes, la poix enflammée, les abordages. Octave-Auguste triomphe et poursuit Antoine jusqu'à Alexandrie. Celui-ci se suicide, Cléopâtre se fait volontairement piquer à mort par un serpent.

La victoire d'Auguste et son heureuse administration de la Gaule vont détourner Rome de l'idée ancienne selon laquelle il n'y a d'avenir et de richesses qu'en Orient.

Considère l'Empire romain deux siècles plus tard : c'est bien de l'Europe qu'il s'agit. L'Italie a organisé autour d'elle la Gaule entière, la Belgique et les

Pays-Bas, l'Espagne et la Lusitanie (le Portugal), les deux tiers de la Grande-Bretagne, la Germanie jusqu'au Rhin, la moitié de l'Europe centrale jusqu'au Pont-Euxin (la mer Noire), la Grèce et la Macédoine. Note que l'Empire déborde largement sur l'Afrique du Nord, la Tripolitaine et l'Égypte, la Palestine, la Syrie, la Mésopotamie et ce qui formera beaucoup plus tard la Turquie, mais le centre reste en Occident.

Voici les bases de notre monde moderne. Rome construit les premières grandes villes, avenues perpendiculaires, trottoirs, des arcs de triomphe et des basiliques pour rompre une monotonie que nous ne saurons pas éviter dans nos cités nouvelles du XXe siècle. Il y a des égouts, l'eau courante, un chauffage central à air chaud chez les plus riches. Ainsi, à l'image de Rome, naissent Arles, Nîmes, Lutèce (Paris), Cologne, Mayence, York, Colchester…

Un cadastre unique découpe le territoire en lots qui laisseront des traces profondes dans notre paysage agricole.

Rome invente même une première forme d'assistance sociale financée par l'État ; il nous faudra attendre le XXe siècle pour en revenir là.

Le système économique est à la fois libéral — on permet à l'entreprise privée, agricole, industrielle, commerçante de se développer à sa guise —, et étatiste — les mines, les carrières, les pêcheries, les salines sont propriété de l'État. La corruption existe, bien sûr, mais elle n'est pas générale et reste ordinairement réprimée.

Sous César, Rome traitait ses provinces en terrain conquis ; sous Auguste et ses successeurs, on développe et on organise. Il en naît une prospérité inconnue jusque-là, et qu'on ne reverra pas de longtemps. La Gaule devient vite l'une des régions les plus florissantes de l'empire : fertile, riche en minerais, bien irriguée, elle possède l'avantage de communiquer avec toutes les mers européennes.

Rien qu'en Gaule on construit plus de vingt mille kilomètres de routes.

Surtout, Rome joue l'intégration. Un siècle après César, les Gaulois envoient des sénateurs gaulois à Rome. En 212 après Jésus-Christ, l'empereur Caracalla accorde la prestigieuse citoyenneté romaine à tous les habitants de l'Empire. Les peuples se mélangent. Déjà Cicéron s'agaçait de voir à Rome trop de pantalons gaulois. C'est un énorme brassage dans la civilisation gallo-romaine, dont il ne faut pas oublier qu'elle est d'abord gréco-latine. De là naîtront nos langues, le français, l'italien, l'espagnol, le portugais, le roumain, sans parler de l'empreinte qu'elle laisse sur l'anglais et l'allemand. De là viendront aussi la plupart des mythes que nous ne devons pas à l'influence de la Bible.

Ce formidable système fonctionnera pendant des siècles, peu sensible aux bourrasques politiques comme le remarque le vieil historien Ernest Lavisse : « Sous les mauvais empereurs comme sous les bons, les provinces restèrent prospères, paisibles, bien gouvernées. C'était à Rome seulement que l'on souffrait des cruautés et des folies des mauvais empereurs. Auguste avait si sagement organisé l'administration des provinces qu'elle continuait à bien fonctionner, même pendant des régimes détestables. » Ne juge pas Rome et l'Empire sur l'image d'un Néron délirant, incendiaire, matricide et persécuteur.

Dans l'Europe romanisée, si l'on excepte l'abomination de l'esclavage, il est probable qu'entre citoyens libres les richesses se répartissaient sans beaucoup plus d'inégalités que dans la France contemporaine.

Appliquons à l'Empire romain nos critères européens d'aujourd'hui. Je sais que les historiens n'aiment pas ces manipulations rétroactives, mais je le fais quand même.

L'Empire, comme l'Union européenne, fut un *marché unique*, un espace sans frontières intérieures : la libre circulation des personnes et des biens créa — comme de nos jours — une société d'abondance relative et de forte consommation.

La langue administrative et littéraire, le latin, était la même pour tous. On ne peut en dire autant pour notre Europe, même si un anglais simplifié s'affirme comme la langue des voyageurs et des industriels. Le latin devint quasiment la *langue unique* de l'Occident lorsque, dans l'Empire christianisé, l'Église l'enseigna partout.

Un droit unique, les mêmes lois s'imposaient à chacun. Nous en sommes loin : l'Union européenne, outre la différence des législations nationales, se divise entre pays de droit romain et pays de droit anglo-saxon. Dans l'Empire, tous les citoyens, quel que fût leur peuple d'origine, pouvaient accéder aux fonctions publiques. Ils étaient soumis à un *système fiscal unique*, lourd et aussi compliqué que de nos jours, mais beaucoup plus acceptable que les habitudes de pillage des peuples barbares. Nous, nous aurons bien du mal à rapprocher nos systèmes fiscaux et même à harmoniser nos taux de TVA. Une *administration unique*, forte mais décentralisée, régentait l'Empire avec une présence bien supérieure à celle de la bureaucratie de Bruxelles.

Un *chef politique unique*, l'empereur, *princeps* (prince) en réalité, premier mais non roi, était élu par le Sénat. D'Auguste à Néron, les empereurs furent choisis dans la même famille, celle de César, non pour des raisons héréditaires mais pour des motifs d'équilibre politique. Plus tard le Sénat laissa par faiblesse les soldats intervenir dans leur désignation. L'empereur n'était pas forcément romain ; il y eut des princes gaulois, espagnols, africains… Nous, nous n'avons fait qu'un petit pas en nommant un président de la Commission européenne encore soumis à l'influence des États.

L'armée impériale devint peu à peu une *armée européenne*. On trouvait déjà une cavalerie germaine dans les troupes de César. Vers 275 après

Jésus-Christ, l'armée cessa d'être en majorité romaine : on recrutait parmi tous les peuples concernés, d'autant plus attachés à l'Empire qu'en défendant Rome ils défendaient aussi leur propre territoire contre la pression des Barbares. Rome transformait ses vieux soldats en propriétaires fonciers et leur allouait pour bons services une maison et une terre aux frontières — la menace extérieure garantissait leur fidélité. L'armée romaine ne ressemblait pas à ces légionnaires en uniforme des péplums que ton père regarde parfois sur son magnétoscope. C'était vraiment l'armée des peuples, chacun profitant des inventions guerrières de l'autre, casques et boucliers disparates, mais dans une organisation et une discipline incomparables. Aujourd'hui, nous frissonnons encore lorsqu'un bataillon franco-allemand défile un 14 juillet sur les Champs-Élysées. En Bosnie, au Kosovo, nous ne parvenons pas à mener une opération commune, à moins d'y être entraînés et couverts par les États-Unis.

L'Empire diffusa lentement sa religion grécolatine, tolérante et assimilatrice de dieux étrangers. Il favorisait la liberté des cultes à condition que l'on sacrifiât à l'Empereur. Les chrétiens furent persécutés pour refuser ce qui ressemblait davantage à un serment politique qu'à une allégeance spirituelle. Mais lorsqu'en 312 après Jésus-Christ l'empereur Constantin se convertit au christianisme, il voulut entraîner les peuples dans sa nouvelle foi ; il y eut alors une *religion à prétention unique*, moins tolérante mais plus universelle, d'ailleurs traversée par des schismes et des hérésies qui portèrent atteinte à la cohérence de l'Empire.

Pour nous qui venons d'entrer dans l'ère de l'euro, je cite en dernier l'une des créations essentielles de l'Empire romain : sa *banque centrale unique* qui émettait une *monnaie unique*, le dernier.

Rome avait lancé le denier en 210 avant Jésus-Christ, et le denier supplanta peu à peu la drachme des Grecs, qui avaient autrefois inventé la pièce d'or, d'argent et de bronze. Auguste fit du denier la monnaie unique pour l'ensemble des provinces. Les pièces, qui jusqu'alors portaient des symboles sur leur face, furent frappées de son effigie, puis de celles de ses successeurs ; elles seules avaient cours dans tout l'Empire, et qui les refusait risquait de sévères punitions. Auguste résolut ainsi l'épuisant problème des changes, ces opérations effrayantes, sans décimales et sans zéro, qu'exigeait avant lui le commerce entre villes lointaines, mais aussi voisines. L'unité monétaire fut un puissant facteur de développement des affaires en Occident et en Orient.

Le denier s'imposa aisément. À Jérusalem, Jésus lui-même en regardait un lorsqu'il demanda : « De qui est l'effigie gravée sur cette pièce ? — De César. — Eh bien, rendez à César ce qui appartient à César… » En l'an 28 ou 29 de notre ère, le Christ fut vendu en monnaie unique : les trente deniers que Judas toucha pour livrer son maître. La circulation des pièces romaines déborda largement les frontières de l'Empire. Plus que le dollar aujourd'hui, et peut-être l'euro demain, on les acceptait dans tout le monde antique, de la Scandinavie à Ceylan. Le denier survécut même à l'Empire. Au début du Moyen Âge les rois barbares continuaient à utiliser des pièces romaines, et les plus habiles les faisaient copier. De là vient le mot dinar, monnaie arabe et yougoslave ; l'autre monnaie arabe — et perse —, le dirham, venant de la drachme des Grecs. Cet usage multiséculaire nous a tant marqués que l'expression nous reste : « M. Machin a payé cette affaire de ses propres deniers. » Avec l'euro nous retrouvons la trace de Rome. Et ce que nulle puissance n'avait pu imposer à l'Europe depuis la fin des César, onze démocraties l'ont librement décidé, et mis en application le 1er janvier 1999.

En même temps que la prospérité, l'Empire avait apporté la paix. Auparavant, ces peuples toujours en guerre les uns contre les autres et soumis aux terribles incursions de l'Est vivaient dans un état de désordre sanglant. Rome établit la *pax romana*, protégea la Gaule et l'Europe centrale des Barbares, et pendant des siècles — hors quelques anicroches — l'Empire et la paix semblèrent éternels. On pouvait enfin voyager en toutes saisons et naviguer sans trop de risques de l'Orient à l'Occident. Pendant longtemps les villes gallo-romaines n'eurent pas de remparts tant était grande la sécurité. Comment les populations n'auraient-elles pas été reconnaissantes ? Elles jouissaient d'une tranquillité et d'une prospérité jusqu'alors inconnues dans l'histoire des hommes.

En Gaule, les premières invasions datent de la deuxième moitié du IVe siècle. Rome tombe définitivement en 476. Cette catastrophe laissera dans toutes les populations l'immense regret de la paix et de la richesse romaines, et cette aspiration à l'unité européenne qui toujours animera, pour le bien ou le mal, nos nations, leurs rois ou leurs empereurs, nos écrivains et nos philosophes.

L'Europe romaine a duré près de cinq siècles.

Cinq siècles, c'est après tout le quart de notre histoire consciente et écrite. Voilà pourquoi l'idée européenne n'a jamais disparu, qu'elle a si souvent tenté de renaître à chaque transformation de notre monde et que, comme jamais, elle nous entraîne aujourd'hui.

4

LES TROIS RENAISSANCES DE L'EUROPE

À la fin du Ve siècle, notre continent est retombé dans un état lamentable. Oui, Clovis, roi des Francs, se rêve héritier de Rome ; il se convertit au christianisme. Tu te souviens peut-être que la France a fêté récemment l'anniversaire de ce baptême ; cependant la date, 496, est fortement contestable. Clovis lui-même partagea son royaume entre ses enfants, et ceux-là naturellement s'affronteront après sa mort : aucun sens de l'État. Voilà pourquoi, contrairement à la légende et aux fantasmes d'un nationalisme imaginaire, Clovis n'est pas le fondateur de la France. Après lui, en Gaule et en Germanie, on ne trouve plus que des chefferies, et donc des guerres permanentes.

Nul ne parvient à reconstituer l'Empire. Les Francs s'installent au nord-ouest de la Gaule, au sud les Ostrogoths établissent un pouvoir instable. Tout autour, la masse confuse des royaumes barbares.

Seule l'Église maintient un semblant d'unité, par l'enseignement du latin et l'organisation des territoires en diocèses dont les évêques sont théoriquement soumis à Rome. Pour menacer les seigneurs et les rois, elle dispose d'une arme spirituelle redoutable : l'excommunication, c'est-à-dire un passeport garanti pour l'Enfer. Elle reste une puissance financière partout où elle peut encore lever la dîme, cet impôt en argent ou en nature qui ne sera aboli qu'à la Révolution française. Mais elle demeure gravement divisée. Les querelles doctrinales se mêlent aux rivalités politiques, multipliant les conflits et les massacres.

La civilisation ne perdure qu'en Orient, dans cette seconde partie de l'Empire romain qui s'était détachée de l'Occident à la fin du IVe siècle : c'est l'empire de Byzance, désormais plus grec que latin, comme une autre Europe projetée à l'est. Byzance a conservé la culture, les arts et les techniques. En Europe, les grandes masses barbares ont oublié que les héritiers de Rome se maintiennent à quelques milliers de kilomètres. Lorsque les Croisés les visiteront, ce ne sera pas pour réapprendre la civilisation mais pour piller la ville. L'Empire byzantin survivra mille ans à la chute de Rome et ne tombera qu'en 1453 sous la poussée des Turcs.

Imagine l'Europe du VIe au VIIIe siècle. Des richesses passées ne demeurent que des routes peu entretenues. La forêt mange tout, une forêt dense, une jungle froide et monotone peuplée d'aurochs, de bisons, d'ours et surtout de loups. Près d'Auxerre, un loup entre dans une église en pleine messe : il cherche une proie. Dans les zones plus méridionales, ou vers l'Atlantique, quand la forêt consent à s'effilocher, elle cède le terrain aux marais, aux landes, aux broussailles ou à la garrigue sèche.

Les habitants redoutent la forêt mais elle leur permet de survivre. Elle offre en abondance du gibier et des champignons, du miel sauvage, des glands pour nourrir le cochon, des fagots pour se chauffer, de la résine pour s'éclairer. On défriche peu, on cultive peu. On dîne trop souvent d'une mixture de terre et de farine. Des affamés attrapent à l'occasion un voyageur qu'ils égorgent et jettent en morceaux dans leur saloir. On a peur ; peur de l'hiver, peur de la nuit, peur des hommes d'armes, peur des démons.

Comme on ne sait plus construire les ponts, beaucoup se noient en essayant de franchir des rivières à gué.

Les brigands prolifèrent. Bien sûr, quand on chope un bandit, on lui crève un œil ou on lui coupe le nez. Crois-tu que cela dissuade les autres ? Quand la troupe des brigands est puissante, leur chef s'appelle un seigneur : là il n'y a plus rien à faire pour échapper à ses exactions.

Au VIIIe siècle, les populations réunies par le roi franc Charles, que l'on nommera le Grand, *Carolus*

Magnus, Charlemagne, ne savent rien de leurs frontières, mais elles se méfient. Elles craignent et méprisent ces vermisseaux qui vivent aux confins du royaume, ces Hongrois qui montent les mêmes chevaux qu'eux, ces Slaves, ces Bretons qui dorment dans les fourrés. Quant aux Scandinaves, ces hommes du Nord, ils incarnent carrément le Diable. Les moines colportent des informations : les Normands ont osé un raid sur les côtes atlantiques, les Sarrasins ravagent Nice…

Les hommes du VIIIe siècle ne s'intéressent pas à leur époque. Les rares écrivains ne mettent pas le nez dehors, ils recopient des manuscrits religieux. Le monde n'a pas de forme. À part deux géographes irlandais, personne ne cherche à se faire une idée globale de ce que fut et de ce que va redevenir l'Europe.

Charlemagne va essayer.

De lui, il ne reste qu'une légende, un trône à Aix-la-Chapelle, un tombeau. De petits événements grandis comme l'escarmouche de Ronceveaux où périt son neveu Roland : rien à voir avec le glorieux combat contre les Sarrasins qu'on inventera plus tard, cela se résume à un attentat de commandos basques.

Charles n'est pas César. Il mène des guerriers sans discipline, des pillards, des ivrognes qui s'empressent de déserter quand ils ont réuni assez de butin. La trahison est de règle. Le trafic aussi. Une cuirasse vaut bien quatre vaches, et on ne néglige pas la contrebande, d'autant qu'une filière de marchands refile les armes aux Infidèles pour un bon prix. Malgré tout Charlemagne agrandit son royaume, il peine longtemps pour s'emparer de Pavie et délivre le pays des Lombards. Il gagne à l'usure : sept mois pour investir Barcelone, trois ans pour conquérir la Saxe. Mais son projet réel est plus ambitieux, plus moderne et moins militaire : l'Empire. Au VIIIe siècle, on se souvient encore de Rome.

« L'Europe, c'est l'Europe occidentale tout entière », lui souffle son conseiller, le clerc Nithard. Le clerc Cathulf en rajoute : « Rends grâce à Dieu qui t'a donné l'Europe à dominer. » Le poète Angilbert se met à chanter Charlemagne en « roi et père de l'Europe ».

L'Europe, qu'est-ce que c'est ? De Hambourg à la Catalogne, de Nantes à Osnabrück en Saxe, Charles fait semblant de gouverner depuis sa nouvelle capitale, Aix-la-Chapelle, une poussière de comtés, de diocèses et de villes amoindries. Paris n'a que quatre mille habitants. Les Italiens aux costumes amples ne ressemblent pas aux Provençaux en pantalons bouffants, moins encore aux Francs serrés dans leurs costumes de lin, avec leurs gilets en peau de rat. Les sujets de Charles ne se comprennent pas entre eux, les patois se sont multipliés.

D'abord, il faut restaurer une langue commune. Charlemagne choisit le latin. Il sait mieux chasser que lire, mais enfin il parle latin et connaît trois mots de grec. Il s'aimerait savant. Il invente, raconte-t-on, le roquefort. Il étudie l'astronomie, dicte une grammaire allemande et recueille des vieux poèmes germaniques. Je dis : il dicte, parce qu'il ne sait pas écrire. Il essaie mais n'y arrive pas. Tant pis : il s'entoure de fonctionnaires, copistes, notaires qui écrivent pour lui.

Fuyant devant les Arabes, des exilés espagnols débarquent à Aix-la-Chapelle, à Lyon, à Turin avec leurs manuscrits. Charles va chercher des grammairiens en Italie. Il fera l'Empire européen par la culture.

Encore faut-il diffuser cette science. Le roi franc choisit pour cela les plus organisés, la seule hiérarchie qui ait survécu à la chute de Rome : les évêques. L'Église avait su entretenir sa richesse. Les abbés sont d'excellents gestionnaires. Les seuls. Tu comprends leur force : ils attirent les artisans, les commerçants, les maçons. Ils diffusent une information d'abbaye en monastère.

Charles ne veut pas se faire manger par l'organisation ecclésiastique. Il affermit son autorité, donne des abbayes et des évêchés à ses compagnons. Il oblige les monastères à créer des écoles en repérant les enfants les plus doués. Il nous en reste l'image de Charlemagne félicitant ou grondant les élèves, vieux chromo de mes livres scolaires.

Tu te doutes que le personnel de la Culture n'est pas toujours éblouissant. Bon nombre de copistes ne savent que copier, ils sont incapables de lire, ne comprennent pas un mot de latin et se contentent d'arrondir des jambages sur des parchemins velus. Mais en gros le nouveau système fonctionne.

L'Église se sert de Charlemagne et Charlemagne s'appuie sur l'Église. L'une veut établir la chrétienté, l'autre rêve d'unifier l'Europe.

On croise encore des troupeaux d'esclaves sur les routes qui mènent à Marseille ou à Rome. En Italie, un esclave coûte le prix d'un manteau doublé. Les armées, vénales, ramassent des prisonniers en Bohême pour les vendre aux marchands qui les livrent aux califes de Bagdad ou à l'émir de Cordoue. Pour réglementer l'infamie et la gabegie, Charlemagne décide que chaque vente s'effectuera en présence d'un évêque et qu'il sera interdit de vendre un chrétien aux Infidèles. Les évêques sont d'accord. Ils consolident leur pouvoir en réglementant le mariage religieux, et la dot, afin de limiter les coucheries anarchiques et d'interdire — déjà — les potions contraceptives. Car j'ai le regret de t'apprendre, mon cher Alexandre, qu'à l'époque l'Europe est un vaste bordel, racolage, prostitution, viol, inceste, bestialité. Il faut bien des lois et une morale unique pour régenter ces rustres, pensent à la fois les évêques et Charlemagne. On invente des cérémonies religieuses pour contrebattre les rites païens, la messe obligatoire du dimanche, on généralise la confession avec pour pénitence amendes et coups de fouet. Les riches peuvent s'en sortir en payant des remplaçants fauchés.

Charlemagne rétablit de son côté des tribunaux civils, avec d'étranges tarifs. Tu as éventré la femme de ton voisin ? Trente sous. Tu as serré le bras d'une femme au-dessus du coude ? Trente-cinq sous.

Arrive la récompense : en l'an 800, Charlemagne est sacré empereur d'Occident par le pape. Incroyable et heureuse restauration.

Cependant l'empire reste branlant. Charles n'est parvenu à unifier ni la monnaie ni les instruments de mesure. Son idée s'est incarnée vingt ans, elle retombe à sa mort, en 814. Car les Carolingiens avaient gardé la mauvaise habitude des rois francs qui, comme Clovis, répartissaient leur héritage entre leurs descendants mâles. Ses petits-fils se partagent son Europe comme une vulgaire propriété de famille. On complote, on se déchire. En 843, à l'issue d'une guerre, le traité de Verdun divise l'empire entre Charles le Chauve (*Francia occidentalis*), Louis le Germanique (*Francia orientalis*) et Lothaire qui tient sa Lotharingie (de la Frise à l'Italie).

Cette cassure de Verdun — quel symbole — sépare définitivement le monde germanique du monde roman, qui ne connaîtra plus d'autorité commune. Là réside la source des pires conflits, jusqu'à nos guerres mondiales, et un obstacle majeur à l'unité européenne.

Puissance des clichés nationalistes : les Français restent convaincus que Charlemagne est un monarque français, les Allemands qu'il est un empereur germain.

Depuis Charlemagne, dès qu'un soldat s'en mêle, l'Europe s'émiette ou se referme. Tu crois que j'exagère ? Ouvre un atlas historique et cherche les cartes qui figurent l'Europe. Les cartes politiques réduisent nos régions en puzzle. Regarde celles qui retracent la diffusion des arts et des marchandises : tu y retrouves l'espace européen d'aujourd'hui. L'art roman, ces églises simples et fortes, court de Winchester à Cefalu et à Salamanque, de Bordeaux à Naples… L'art gothique, celui des cathédrales, reprend les mêmes chemins, d'York à Prague, de Cologne à Tolède. L'architecture est prodigieuse, par sa beauté mais aussi par ses dimensions et ses techniques. La cathédrale d'Amiens couvre sept mille sept cents mètres carrés, elle peut accueillir une population de dix mille âmes. La voûte de la cathédrale de Beauvais, dans le chœur, atteint la hauteur d'un immeuble de quinze étages. La flèche de Strasbourg monte à cent quarante-deux mètres.

L'Europe des cathédrales, du XIe au XIVe siècle, transcende toutes les frontières. Les compagnons bâtisseurs se déplacent d'un pays à l'autre, ils échangent leur savoir-faire, s'organisent en corporations et développent une étrange culture à base de géométrie et d'ésotérisme, serments et rituels inspirés des Perses et des Grecs que tu retrouves aujourd'hui dans la franc-maçonnerie.

Le rayonnement du baroque rassemble plus tard toutes les villes qui sont devenues nos capitales.

L'Europe du commerce existe tout autant. À partir du XIIe siècle des marchands allemands s'aventurent en Russie, puis en Scandinavie. Bientôt ils créent des comptoirs et des villes, portent leurs établissements jusqu'à Londres et Paris, Gênes, Varsovie... Ils dominent le commerce international du poisson, du sel, des fourrures, du blé et du bois, de la bière et du vin. Organisés et solidaires, ils élisent leurs représentants, lèvent des armées, représentent une énorme puissance financière : cela se nomme la Hanse, un véritable Marché commun de l'Europe du Nord qui prospérera pendant plus de quatre siècles.

Quant aux grandes foires du Moyen Âge, elles se tiennent en même temps à Novgorod, Francfort et Troyes.

Gênés par les variations incessantes des cours de l'or et de l'argent, les marchands établissent un système de lettres de change — l'équivalent de nos chèques — fondé sur la confiance. Du commerce des marchandises on passe au commerce de l'argent, qui ignore lui aussi les frontières.

Nous aurons donc une Europe des banquiers.

Les grandes banques apparaissent à Florence avec les Médicis, en Allemagne avec les Fugger, aux Pays-Bas, en Angleterre, en France... La première Bourse naît à Bruges. Bref, le capitalisme est une invention européenne, la City et Wall Street s'appelent alors Augsbourg et Florence.

Nous voici au XIVe siècle, dans cette Europe morcelée par les princes et les conflits dynastiques, mais traversée par ces multiples réseaux qui construisent peu à peu une entité. C'est alors qu'à Florence, la ville merveilleuse, l'esprit des hommes et des femmes développe d'étranges et nouvelles idées : l'individu s'éveille. On émerge des siècles anonymes et collectifs. À Florence chacun s'affirme, signe ses œuvres, jette les dogmes aux orties. On apprécie la nature. On regarde sans préjugé autour de soi. Botticelli sait à la fois représenter des dames nues et illustrer l'*Enfer* de Dante. La ville traverse une époque de tueries et de liberté comme Athènes l'orientale a dû en connaître. Les hommes se mettent à aimer les femmes, et les femmes les hommes, avec autant de tendresse et de rouerie de part et d'autre. Dans les milieux nantis, les premiers atteints, les filles reçoivent la même éducation que les garçons.

Arrive Pétrarque.

C'est le fils d'un notaire florentin émigré sur les bords du Rhône. Pour obéir à son père, il fait ses études de droit à Montpellier, mais le droit l'ennuie. Il lit en cachette les auteurs latins disponibles. Un jour son père découvre les livres et les jette au feu. Drame ! Devant la tête de Pétrarque il comprend, met sa main dans les flammes et sauve deux volumes, *L'Enéide* de Virgile et la *Rhétorique* de Cicéron.

La plupart des Européens d'alors sont incultes, ils mélangent les titres et les auteurs grecs ou latins, dont ils ne peuvent lire que des fragments tronqués. Pétrarque va restaurer l'Antiquité. Il se met en chasse des textes anciens qui ont survécu à mille ans d'invasions et de guerres, il explore les bibliothèques,

Milan, Ferrare, suit des rumeurs, se trompe, copie. Il écume la Toscane avant l'Europe entière, jusqu'en Grèce où il déniche seize dialogues inconnus de Platon, qu'il est incapable de traduire.

Qui a gardé ces livres précieux ? Les moines. Dès que Pétrarque rencontre un monastère sur son chemin, il se précipite, s'introduit dans la bibliothèque, collecte les manuscrits, les emprunte pour les reproduire. Cela pose souvent des problèmes. À Liège, il trouve deux textes de Cicéron mais a bien du mal à les recopier : l'encre belge est claire comme du jus de safran. Ailleurs, les moines incultes ont découpé des parchemins pour couvrir leurs pots de confitures, ou les ont grattés pour y copier indéfiniment les mêmes versets de la Bible.

Bientôt Pétrarque n'est plus seul, et le jeune Boccace va l'aider, un grand rouquin à tête ronde qui attrape lui aussi la manie de l'étude. Un jour, Boccace force la porte des moines du Mont-Cassin, sur la route de Rome à Naples.

— Pouvez-vous nous ouvrir la bibliothèque ? demande-t-il au premier moine.

Inutile, portes battantes, la bibliothèque est un grenier à rats, avec des champignons qui sortent des volumes. De la poussière, des pages arrachées.

— Pourquoi avez-vous déchiré les marges ?

— Les marges ? répond le moine. Oh ! nous fabriquons avec des amulettes pour les dames.

Bigre ! Mais Boccace sort du monceau des fragments de Tacite. Imagine son état d'esprit : depuis les Romains, personne avant lui n'avait lu les *Annales*, l'histoire des premières années de l'Empire.

C'est à Florence que commença la Renaissance.

Les Italiens voyagent beaucoup. Ils croisent les Flamands qui ont découvert la peinture à l'huile et leur enseignent l'art de la perspective et du détail. Les routes s'encombrent de colporteurs et d'étudiants mêlés aux pèlerins. On ne va pas vite, cinq semaines entre Paris et Naples, dix-huit jours de Londres à Lyon. Ce n'est pas grave : les arts et les mœurs de Florence et de Bruges gagnent Rome et Paris. Les peintres ne se limitent plus aux sujets religieux : voilà des portraits, des natures mortes, la vie de tous les jours. On se civilise, on mange avec des fourchettes, on ne vit plus avec les animaux, on ramasse les épluchures, les lits deviennent moelleux. La Renaissance, née italienne, essaime ses idées et ses œuvres dans l'Europe entière. Le Hollandais Erasme apprend le grec en Italie et part l'enseigner à Cambridge. Les frères Van Eyck, les plus grands peintres des Flandres, connaissent Giotto. François Ier fait construire ses châteaux par des architectes italiens.

Vinci invente le sous-marin, le parachute, le compas et les cités pavillonnaires. En 1492, Christophe Colomb a découvert l'Amérique. Les nouvelles techniques multiplient les échanges. On possède désormais des cartes marines, la boussole. Arrive l'imprimerie : dès la fin du XVe siècle, des milliers d'ouvrages sont sortis des presses de Nuremberg, de

Lyon ou de Venise. Les imprimeurs ont des correspondants partout.

L'Europe manque-t-elle alors une occasion de trouver son unité politique ? Le 28 juin 1519 à Francfort, sept princes-électeurs doivent nommer le nouvel empereur d'Allemagne. Ce Saint Empire romain germanique, dans la tradition de Charlemagne, se veut l'héritier de Rome même s'il ne rassemble — par des liens assez lâches — que des potentats allemands. Deux concurrents : François Ier, roi de France ; le futur Charles Quint, roi d'Espagne. Tu imagines deux vieux barbus ? Mais non, François a vingt-cinq ans, Charles dix-neuf.

Songe aux bouleversements de notre histoire si un roi de France avait été élu empereur germanique ! Un axe franco-allemand, voilà qui peut mener loin. En outre, il se serait agi d'une union sans violence, sans guerre ni annexion. Mais Charles Quint est nommé : Fugger, le banquier d'Augsbourg, a acheté des électeurs en faveur du roi d'Espagne. L'Europe de Charles Quint, prince aux intentions généreuses, reste une Europe tronquée : elle est coupée par la France. Elle ne survivra pas à son maître.

En 1521, la dernière institution commune à toute l'Europe se crevasse : Luther est excommunié, la chrétienté se divise entre catholiques et protestants qui bientôt se massacrent. Comment réunir les princes si l'Église ne les encadre plus ?

Une fois de plus, détourne-toi des intrigues politiques et guerrières, des affrontements religieux. Il demeure que le grand rêve de la Renaissance a existé, et qu'il a emporté l'Europe cultivée dans un même état d'esprit. Cette fois on abandonne les célestes espérances du Moyen Âge, on s'enthousiasme pour un progrès terrestre, on recrée l'architecture et la civilisation urbaine, on cherche l'avenir dans la science et la raison. L'Europe invente ici la plus profonde de ses valeurs, celle qui transformera la pensée et l'action jusqu'à nos jours. Elle a un très beau nom : elle s'appelle l'Humanisme.

Dans les sciences et les techniques, et l'organisation de la vie sociale, l'Europe de la Renaissance est parvenue au point culminant qu'avaient déjà atteint les autres grandes civilisations, celles de l'Indus et de la Chine, de l'Égypte et des Incas, de Rome et de Byzance, de Bagdad et de Cordoue : l'urbanisme, l'administration, la culture. Mais à partir de cette formidable étape, ces civilisations se sont bloquées, puis sont entrées en décadence. Par un génie singulier — unique dans l'histoire des hommes et des nations —, l'Europe a su passer l'épreuve : la décadence n'est pas venue. L'Europe n'a cessé de découvrir et de se développer en transformant le monde entier.

D'où vint l'étincelle qui a manqué aux autres ?

Difficile à dire.

La découverte de l'individualisme et de l'humanisme certainement. La limitation des pouvoirs du clergé. L'abolition de l'esclavage : l'asservissement massif des hommes pétrifie l'intelligence et l'usage qu'on peut en faire. Dans l'Égypte des Ptolémée, un certain Héron d'Alexandrie avait inventé la machine à vapeur. Il proposait qu'on s'en servît pour tirer l'eau des puits. On lui rit au nez : pourquoi une machine compliquée alors qu'il suffisait de fouetter trois esclaves pour faire monter une outre ? On oublia la machine à vapeur pour plus de deux mille ans. Les Égyptiens, comme bien d'autres, étaient convaincus qu'ils étaient parvenus à la connaissance parfaite de toutes choses, au ciel, sur la terre et dans les enfers. L'Europe, elle, a toujours cru au Progrès.

Nous ne devons pas notre essor aux seules inventions. Après tout les Chinois connaissaient la poudre et la boussole avant nous, et ils n'en ont pas fait grand usage. L'Asie a découvert l'Amérique en des temps immémoriaux, elle l'a même peuplée : elle n'en a tiré aucun avantage.

Rien n'est possible sans cette lente conquête de la liberté dans les villes et dans les bourgs. Cette bourgeoisie naissante a su échapper aux bureaucraties des monarques, la culture s'est répandue au rythme du commerce et des échanges. À tout prendre, nos administrations royales étaient bien légères comparées à celles des Chinois ou des Incas. Étonne-toi : sous Louis XIV, roi pourtant centralisateur, tous les fonctionnaires chargés des provinces tenaient dans les deux petits pavillons à l'entrée du château de Versailles.

L'histoire cette fois n'a pas pu étouffer la liberté apparue à la Renaissance. Dès le XVe siècle, l'Europe entre dans un monde différent.

La troisième Renaissance de l'Europe se nomme les Lumières. Au XVIIIe siècle, l'Europe est française et la France cosmopolite. L'Écossais Law, le Suisse Necker deviennent ministres à Paris, Beaumarchais se fait imprimer à Amsterdam. Les livres de Diderot arrivent en Amérique du Sud cachés dans le double fond d'un tonneau de harengs. Le même Diderot conseille Catherine II, tsarine de Russie, Voltaire fréquente Frédéric de Prusse, Rousseau encourage les Polonais et les Corses. Voici des Auvergnats en Castille, des Savoyards en Autriche et des Allemands qui s'occupent de métallurgie en Angleterre. En Suède, des Wallons travaillent le fer. Le grand compositeur Haendel passe à Naples. À Vannes, l'organiste est un Liégois. Mozart découvre la musique italienne à Londres. Une colonie d'Irlandais s'implante à Cadix, et quarante mille Allemands en Ukraine.

Jean-Jacques Rousseau, qui pourtant se méfiait du cosmopolitisme à la Voltaire, s'écrie : « Il n'y a plus aujourd'hui de Français, d'Allemands, d'Espagnols, d'Anglais même, quoi qu'on en dise ; il n'y a que des Européens. »

Il est de bon ton de se vouloir universel.

On touche à tout, comme pendant la Renaissance, on est à la fois théologien et linguiste, on se penche sur les mathématiques et sur l'histoire. Voltaire se livre à des expériences de chimie et publie des manuels scientifiques. Les Européens ont la folie des dictionnaires ; Diderot publie, avec ses amis les Philosophes, la grande *Encyclopédie*, somme de tous les savoirs et de toutes les techniques du siècle, symbole des Lumières qui doivent éclairer la terre entière.

L'Europe — dont la Russie de Saint-Pétersbourg n'est pas absente — domine le monde. Elle a définitivement colonisé les deux Amériques. Les Européens se montent la tête. Ils se croient plus généreux et plus malins que les autres ; ils s'étonnent que les sauvages d'Amérique n'aiment pas le ragoût d'agneau, qu'ils chantent quand ils souffrent, ou que les Indiens trouvent malpropre l'usage du mouchoir. Comment prononcer le chinois ? Ces gens doivent avoir les dents disposées autrement. On s'invente des origines flatteuses, on prétend que le mot d'Europe provient d'un vocable phénicien qui signifie « visage pâle ».

À ce propos, une dispute : doit-on dire Européans ou Européens ? Ce dernier mot finit par l'emporter.

Comme les Florentins de naguère, les savants de l'*Encyclopédie* se moquent des héros guerriers. La civilisation remplace la chrétienté une fois pour toutes, les villes ne s'ordonnent plus autour de la cathédrale mais autour de la place royale, du théâtre et de la Bourse.

Voltaire et les Philosophes s'en prennent à la religion, surtout à ses prêtres. On déteste les préjugés, les vieilles croyances, l'autorité de Rome, les ruses des jésuites, l'ignorance des moines. L'assaut est fort : l'Europe, mais surtout la France, se déchristianise. Les arguments portent si loin qu'ils atteignent l'Église elle-même : on connaît des évêques libertins, des curés athées. Les Lumières annoncent l'ère de la Raison et de la Liberté, la recherche du bonheur pour l'humanité.

Liberté : le commerce aussi en veut sa part. Les négociants, les banquiers, les manufacturiers prennent de l'importance. Ils imposent des valeurs pacifiques : on a besoin de la paix pour vendre et circuler. Les richesses et l'abondance seront les fruits naturels de cette liberté que les premiers économistes, au-delà des Philosophes, réclament à leur tour.

Le français succède au latin comme langue savante et diplomatique. C'est en français que les idées anglaises, le parlementarisme se répandent. Goethe hésite entre le français et l'allemand. Les nobles espagnols vont faire leurs études à Toulouse. Le Piémontais Denina ose affirmer que l'italien est devenu une langue morte. Le français est obligatoire à la cour de Prusse ; dans de grandes familles hongroises, roumaines, russes, les enfants oublient leur langue maternelle. Les gallicismes envahissent les langues européennes, on dit *natura morta* en italien, *martwa natura* en polonais, *mertvaïa priroda* en russe, *trumpet* ou *gueridon* en anglais, *ledekant* pour lit de camp en hollandais…

Mais l'hégémonie culturelle de la France ne survivra pas au XVIIIe siècle. Les Anglais veulent leur revanche. Ils se mettent à bouder la mode parisienne, puis la langue, puis l'art, en créant un type nouveau opposé au Français léger : le gentleman, aune du nouveau savoir-vivre. Le roast-beef combat la fricassée de grenouilles et le gibier en sauce. Le chic est désormais londonien : redingotes pour les messieurs et souliers plats pour les dames. Nous allons bientôt assister à un retournement des modes, des Français buvant le thé, suivant les courses de chevaux. Le très anglophile Voltaire reste stupéfait le jour où un maître d'hôtel lui présente un « rosbif de mouton ».

Bien entendu les intérêts commerciaux accompagnent le mouvement. Achetez anglais, disent les Anglais qui dominent le commerce mondial. Achetez allemand, disent les Allemands qui proposent un retour au gothique. Pour ceux-là, la langue française reste trop superficielle, propre à tous les mensonges, trop polie, trop lisse, mal portée vers la philosophie. D'autres les imitent. Catherine II de Russie renvoie à Grimm des produits de beauté qu'il a achetés à Paris. Un jésuite espagnol déplore que sa langue ait contracté la vérole française.

Puis c'est la Révolution.

Quand ils voient le roi de France prisonnier de l'Assemblée et du peuple, les autres souverains d'Europe se raidissent. Ils aimaient la lecture de

Voltaire, ils se méfient des droits de l'Homme qui conduisent à un tel chambardement. La Prusse rétablit vite la censure. On ferme les frontières : jusque-là une lettre, une bonne mine suffisait pour les traverser ; désormais on exige un passeport et les autorités surveillent les voyages. Catherine II fait arrêter des intellectuels et interdit les livres des Philosophes les plus avancés. L'Inquisition renaît un moment en Espagne. Sauf l'Angleterre, qui demeure un pays libéral, les nations d'Europe réagissent mal : leurs États se centralisent, les polices se développent, les bureaucraties croissent partout en force et en nombre.

La guerre éclate.

La Révolution française a cassé l'Europe.

5

NAPOLÉON, HITLER, STALINE

Rassure-toi, je ne vais pas te raconter l'histoire de ces trois personnages. Il y a beaucoup de bons livres sur le sujet, et autant de mauvais : tu choisiras. Mais Napoléon a défait l'Europe en croyant la faire. Hitler nous a convaincus de rapprocher nos peuples parce qu'il a voulu les asservir : il fut paradoxalement l'auteur négatif et démoniaque de la construction européenne. Dans les ruines de 1945, nous devions agir à l'inverse de son délire et briser les mécanismes habituels de la guerre. Quant à Staline, faute de dominer l'Europe entière, il s'en est fabriqué une pour lui seul à l'est, dont les peuples depuis la chute du Mur de Berlin aspirent à rejoindre notre communauté.

Revenons à la Révolution et à Bonaparte, qui tenteront d'imposer une Europe à la française. La Grande Révolution, dès 1789, a coalisé contre elle les monarchies menacées. Elle déclare la guerre à l'Autriche en août 1792. La Prusse rejoint l'Autriche, et l'Angleterre. Dès lors, malgré quelques compromis et traités, la guerre ne cessera plus sur notre continent avant l'abdication définitive de Napoléon en 1815.

Il faut les voir, nos révolutionnaires, emportés par cette lutte grandiose. Ils se prennent pour des Romains. Pas la Rome impériale, mais la Rome républicaine. On admire Brutus, l'assassin de César. On se coupe les cheveux à la Titus, c'est-à-dire fort ras. On se donne des prénoms latins, Gracchus, Agricole, Petrus, Marcus... On renonce à la culotte de soie qui fait aristocrate et l'on enfile des pantalons modernes, mais on se coiffe de l'antique bonnet phrygien, symbole de l'esclave libéré. Comme à Rome, deux faisceaux de licteur, une hache entourée de verges, encadrent l'écusson de la République.

Sous le Directoire on réinvente un style romain dans l'architecture, le mobilier, la décoration, la coiffure et les robes des femmes. On parodie à la fois la rigueur et les débauches de l'Empire. Les membres du Conseil des Anciens, une sorte de Sénat, se drapent dans leur toge.

Des armées au courage invraisemblable portent les idées de la Révolution au-delà des frontières : davantage la haine des tyrans et de la noblesse que les droits de l'Homme.

Puisque l'Europe coalisée des princes et des rois attaque la République française, celle-ci lui oppose une Europe des peuples. Elle annexe totalement ou partiellement les pays francophones ; ailleurs elle installe à la faveur de ses victoires des *Républiques sœurs*. Vers 1798, la France a rattaché à son territoire la Savoie, le comté de Nice et la principauté de Monaco, une partie des Flandres et la rive gauche du Rhin, un morceau de Suisse : quatorze nouveaux départements. Bruxelles, Liège, Luxembourg, Aix-la-Chapelle, Cologne, Mayence, Coblence sont intégrées à la République.

Et tout autour, au nord et à l'est, les Républiques sœurs. Il y eut ainsi une République batave issue de la conquête de la Hollande ; une République cisalpine (Milan), ligurienne (Gênes), romaine, helvétique (une Suisse amputée). On vit même dans le sud de l'Italie, pendant quatre mois, une République parthénopéenne, — c'était exhumer le vieux nom de Naples, et nos révolutionnaires aimaient tant l'Antiquité.

Créations fragiles, tu le devines bien.

Les républicains de Paris s'étaient convaincus qu'il suffisait d'abattre les tyrans, c'est-à-dire les rois, pour que les peuples enfin libres se rallient à la Révolution. Il n'en fut pas ainsi. Certes, les libéraux de tous les pays, les conspirateurs, les voltairiens et les rousseauistes accueillirent d'abord les Français en libérateurs, surtout là où — comme en Italie — le vieux pouvoir appartenait aux occupants autrichiens. Mais ces libéraux n'étaient pas nombreux.

Les peuples, catholiques, restaient sous l'influence d'une Église contre-révolutionnaire. Surtout, la République française était fauchée : elle pilla les pays conquis pour financer la guerre, elle les rançonna, elle enrôla de force les hommes dans ses armées, elle réprima les insurrections. La bonne réputation des Français ne durait pas une semaine. Ils organisaient des votes pour les trafiquer ; ils nommaient comme gouvernants des équipes ultra-minoritaires. Les Français imposèrent leurs rites, tribunaux révolutionnaires et fusillades.

Les pauvres Républiques sœurs se font et se défont au rythme des victoires et des défaites, les Prussiens, les Autrichiens avancent et reculent. C'est l'ère de la vengeance, des trahisons et de la guerre civile. Aucune de ces constructions n'a pu survivre hors de l'occupation française.

« Les Occidentaux ont toujours joué aux Romains, comme les enfants jouent au papa et à la maman », disait un vieil et bel écrivain, Emmanuel Berl. Napoléon Bonaparte y a joué plus que les autres. D'abord en Égypte, il a mimé Antoine sans Cléopâtre. S'installant au Caire avec son armée, il rêva d'on ne sait quelle royauté orientale, cherchant à s'étendre en Palestine, fantasmant sur des campagnes qui l'eussent mené jusqu'aux Indes. Toujours la même histoire : salué comme un libérateur à son arrivée, il apparut vite comme un oppresseur et dut abandonner ses espoirs et ses troupes sous la pression conjuguée des peuples mécontents et de la flotte anglaise.

Nommé Premier consul — encore un titre romain — il se prit alors pour César et Auguste, et poursuivit en Europe la politique de conquête qu'il avait engagée comme général républicain. Il se fit couronner empereur par le pape à l'exemple de Charlemagne. Au lieu de former des Républiques sœurs, il créa des royaumes frères.

Frères, c'est bien l'adjectif qui convient, puisqu'il plaça justement ses propres frères sur des trônes fabriqués à chaque victoire militaire : Joseph Bonaparte, roi d'Espagne ; Louis, roi de Hollande ; Jérôme, roi de Westphalie. Sa sœur Élisa, déjà princesse de Lucques et de Piombino, fut faite grande-duchesse de Toscane ; Caroline, mariée au général Murat, reine de Naples. Napoléon couronna Bernadotte, beau-frère de Joseph Bonaparte, roi de Suède. Il se déclara lui-même roi d'Italie et confia la vice-royauté à son beau-fils Eugène de Beauharnais. Il salua son fils légitime du titre de roi de Rome.

Pour la première fois depuis l'an 800, l'Europe politique était faite, mais de singulière façon.

Certes, elle était presque complète, plus étendue au nord-est que sous Rome, au sud que sous Charlemagne. Pressées de toutes parts, la Prusse et l'Autriche devinrent des États alliés. La Russie elle-même dut pactiser. Pour ficeler le tout, Napoléon épousa l'archiduchesse Marie-Louise, fille de François II empereur germanique, que l'on transforma pour l'abaisser en simple François Ier empereur d'Autriche.

Mais il manquait à cette Europe une pièce essentielle : l'Angleterre.

Le Royaume-Uni fut dès le début l'adversaire le plus décidé de la République puis de l'Empire français. Cela dit, l'Angleterre ne souhaitait pas dominer l'Europe, dont elle s'était tenue à l'écart depuis longtemps. Les idées de César, d'empire, d'unité, de grande fédération ou de fédération, comme à son habitude, ne l'intéressaient point. Elle voulait seulement qu'on ne la menace pas. Elle détestait que la France occupe les rives qui lui étaient proches, celles de la Belgique et de la Hollande. Sa flotte dominait les mers ; elle voyait là son avenir.

Faute de moyens, la France ne pouvait envahir les îles Britanniques ; l'Angleterre ne pouvait davantage débarquer durablement sur le continent.

Il y avait donc un compromis possible : il fut signé à Amiens en 1802. À la limite, l'Angleterre aurait laissé Bonaparte organiser le continent à la condition d'avoir accès au grand marché européen selon les principes du libre-échange qu'elle défend encore aujourd'hui. Mais Bonaparte voulait favoriser partout les produits français. L'Angleterre ne cédait pas. Incapable de boucler les ports de Grande-Bretagne, Bonaparte conçut le blocus continental, un effort gigantesque et souvent vain pour empêcher tout produit anglais de pénétrer dans la nouvelle Europe. L'Angleterre recomposa peu à peu la coalition de la

Russie, de la Prusse et de l'Autriche contre l'Empire et mena Napoléon à sa perte.

L'influence de la France sur l'Europe qu'elle dominait ne fut pas entièrement négative. À cet énorme ensemble de 82 millions d'habitants, Napoléon apporta le Code civil — c'est-à-dire un droit plus simple et plus juste inspiré des Romains —, l'abolition du système seigneurial, une administration centralisée moins absurde que celle des barons et des princes. En cela, on ne peut le comparer à Hitler comme s'y risquent certains Européens : pas de racisme, nulle volonté de faire disparaître un peuple, pas de camp de concentration et, derrière les pourpres et les fusils de l'Empire, affaiblies mais toujours vivantes, les idées de la Révolution.

Ce furent celles-là qui contribuèrent grandement à l'échec de Napoléon. Les peuples européens apprenaient de la France qu'ils auraient dû pouvoir disposer d'eux-mêmes, qu'une nation n'avait pas à être dominée par une autre ; en un mot l'impérialisme français réveilla ou créa partout des nationalismes, et des nationalismes anti-français.

On le vit d'abord en Espagne et au Portugal, puis dans la Russie qui chassa la Grande Armée prise dans un hiver terrible, puis dans la Prusse qui se rebella à son tour, puis en Autriche, en Italie… Des populations dispersées découvraient le patriotisme.

Cette Grande Armée qui se défaisait dans les plaines glacées de la Russie et en Europe centrale, c'était l'Europe même de Napoléon qui partait en morceaux. Non seulement parce qu'elle représentait le premier soutien d'un Empire avant tout militaire, mais parce que, composée de toutes les nations, elle était désormais une armée européenne. Chaque soldat allemand, italien, polonais, suisse qui désertait l'armée napoléonienne manifestait que la cohésion n'avait d'autres sources que les victoires et la contrainte. Rien ne résista à la retraite et à la défaite.

En 1814, puis en 1815, l'Empereur dut abdiquer. Paris fut occupé par les coalisés. Pour la première et la dernière fois, les Cosaques russes purent abreuver leurs chevaux dans les bassins de la place de la Concorde. Louis XVIII, roi de France, remonta sur le trône.

À Vienne, les monarques assemblés redessinèrent la carte de l'Europe. En rendant les royaumes à leurs anciens possesseurs, ils croyaient revenir en arrière, avant la Révolution. On ne remonte pas le temps : c'est bien autre chose qui arriva.

Enfermé à Sainte-Hélène, Napoléon prophétisait encore, à tort et à raison : « Une de mes plus grandes pensées avait été l'agglomération, la concentration des peuples géographiques qu'ont dissous, morcelés les révolutions et la politique. L'impulsion est donnée et je ne pense pas qu'après ma chute, il y ait d'autres grands équilibres possibles que l'agglomération et la confédération des grands peuples. »

Au XIXe siècle, l'idée même d'Europe s'évapore. Retiens une expression qui nous marque encore : État-nation. Un peuple, un gouvernement, un patriotisme. Entre 1815 et 1914, à l'image de la France, une dizaine d'États-nations apparaissent : la Belgique, le plus pacifique, la Grèce qui se libère des Turcs, l'Italie qui s'unifie en chassant l'occupant autrichien, l'Allemagne rassemblée par la Prusse après que celle-ci a battu l'Autriche en 1866 et la France en 1870, la Serbie, la Roumanie, la Bulgarie… L'Espagne et le Portugal ont retrouvé leurs anciens rois.

Au début, le patriotisme chante l'indépendance, le folklore des origines. Sous ses drapeaux, il se donne une apparence naturelle et sympathique. Bientôt, il devient un sentiment dominant puis un ressentiment, xénophobe et agressif. Chacun se croit supérieur au voisin et rêve de l'affaiblir. Défendre le sol qui vous a vu naître, mépriser l'étranger, faire la guerre : on franchit vite les étapes.

Quelques utopistes protestent. Les saint-simoniens, étranges socialistes d'avant Karl Marx, croient que le développement des chemins de fer interdira les guerres : on se déplacera tellement vite d'un pays à l'autre que les peuples fraterniseront. Victor Hugo se persuade que les machines volantes aboliront les frontières : comment séparer les États si le ciel est ouvert à tous ? Les saint-simoniens et Victor Hugo n'avaient pas pensé que le train transporterait aussi les troupes, que les avions bombarderaient les villes.

Partout la technique améliore les armements en même temps qu'elle transforme les modes de vie.

Lorsque l'Empire ottoman massacre les Serbes, Victor Hugo en appelle à l'Europe : « Qu'aux gouvernements désunis succèdent des peuples unis. Finissons-en avec les empires meurtriers. Ce que les atrocités de Serbie mettent hors de doute, c'est qu'il faut à l'Europe une nationalité européenne, un gouvernement uni, un immense arbitrage fraternel, toutes les nations sœurs ayant pour chef-lieu Paris, c'est-à-dire la liberté ayant pour capitale la lumière. En un mot, les États-Unis d'Europe, c'est là le but, c'est là le port. »

Paris capitale de l'Europe ? Pouah ! On se souvient trop de Napoléon Ier. Personne n'écoute Hugo. Les États préfèrent jouer de leurs alliances, de leurs commerces et de leurs armées, de leur cynisme.

Deux traces d'Europe traversent cependant le continent.

D'abord une tentative d'union monétaire, aujourd'hui totalement oubliée, mais surprenante si l'on songe aujourd'hui à l'euro. Napoléon III, empereur des Français, gardait la nostalgie du franc germinal, cinq grammes d'argent, diffusé dans toute l'Europe à la suite des victoires de son oncle Napoléon Ier. La défaite de 1815 n'avait pas tué la monnaie et ce franc si stable s'échangea longtemps encore dans plusieurs pays. Le franc belge de 1832, le franc suisse de 1850, la lire italienne de 1862 s'y arrimèrent : la monnaie de chaque pays avait cours légal chez les trois autres. Cela se nommait l'Union latine. Mais voici que l'or baisse, que l'argent grimpe. Cet équilibre est menacé.

En 1865 on négocie à Paris, puis en 1867. Vingt-deux pays participent. Ils sont d'accord sur le principe d'une unité de compte commune. Certains parlent même de créer une monnaie unique, d'autres préfèrent une simple coordination. Les seconds l'emportent, élargissent le système de l'Union latine à la Grèce, à l'Espagne, à une cinquantaine d'autres pays. Mais l'Angleterre déjà eurosceptique est hostile : elle veut conserver l'indépendance de sa livre triomphante.

La victoire de la Prusse sur la France en 1870, puis la création du mark secouent la petite union monétaire, qui mourra lentement de conférence en conférence. La France et l'Angleterre ont eu moins de mal à s'entendre pour mener une expédition militaire commune contre la Russie en Crimée (1854-1855). En 1900, elles s'allient sans peine à l'Allemagne et à l'Amérique pour combattre les nationalistes chinois à Pékin.

Une autre Europe, plus légendaire, réunit nos pays, sauf la France, et encore : celle de la reine Victoria, la seule Europe anglaise. La grande souveraine d'origine germanique régna de 1837 à 1901 sur la Grande-Bretagne : soixante-quatre ans ! Elle avait épousé un prince allemand, son cousin germain, Albert de Saxe-Cobourg. Et tout en régentant son empire elle s'occupa furieusement de mariages. Elle manqua celui qu'elle espérait pour l'une de ses filles avec le duc de Montpensier, fils de Louis-Philippe, roi des Français. Mais elle plaça sa descendance dans toutes les cours d'Europe. Guillaume II lui-même, l'empereur d'Allemagne, était son petit-fils et Nicolas II, tsar de toutes les Russies, son cousin. Les rois belges sont d'origine allemande, comme les anciens rois de Bulgarie et de Roumanie. La reine d'Espagne est une princesse grecque, elle aussi d'origine allemande. Les Mountbatten, donc le prince Philip, père de Charles, héritier de la couronne britannique, est un Battenberg de Hesse-Nassau.

Il y a quelques années, tous les descendants de la reine Victoria, où qu'ils fussent, pouvaient encore recevoir automatiquement un passeport britannique, précieux document pour les monarchies déchues d'Europe centrale et privées de leurs nationalités par les régimes staliniens.

Par l'alliance ou par le sang, les princes et les rois appartenaient — et appartiennent encore — à la même famille. Les Bourbons, qui avaient régné sur la France, ne restèrent pas longtemps à l'écart. Les monarques ont des pays, mais ils gardent en eux quelque chose d'apatride et de profondément européen, cette façon de passer d'une nation à l'autre.

J'ai le souvenir d'une jeune princesse de Roumanie, Hohenzollern par son père, française par sa mère, britannique par son passeport, qui allait chercher des papiers d'identité dans un consulat de France.

— Quel est le nom de votre mère ? demande l'employé.

— Bourbon.

— Bourbon ? s'étonna l'employé. Mais ce n'est pas un nom français.

Le petit ignorant songeait sans doute à une bonne bouteille de bourbon, le whiskey du Kentucky, méconnaissant le nom qui fut celui d'Henri IV et de Louis XIV. Il avait tort. Mais paradoxalement il avait raison. Au-delà des rois de France, Bourbon est un nom européen, Bourbon d'Espagne, Bourbon de Sicile ou Bourbon-Parme, il y a des Bourbons dans tous les pays du continent.

L'Europe explose en août 1914. Si tu ne dois noter qu'une date, cher Alexandre, c'est bien celle-là. Regarde le mécanisme de la première grande guerre moderne, c'est-à-dire celui des États-nations entraînés par leurs traités.

La guerre entre la France et l'Allemagne : on l'avait déjà redoutée en 1912. Cette fois, le 28 juin 1914, l'archiduc François-Ferdinand, héritier de l'empire austro-hongrois, est assassiné à Sarajevo par un nationaliste serbe. L'Autriche tient la Serbie pour responsable. L'Allemagne est l'alliée de l'Autriche, la Russie l'alliée de la Serbie, la France l'alliée de la Russie, la Grande-Bretagne l'alliée de la France. Que les hostilités commencent en Europe centrale et toutes les grandes puissances continentales seront aussitôt mises en cause.

L'Internationale socialiste, les puissants partis ouvriers veulent empêcher le conflit : français ou allemands, tous les travailleurs sont des frères. Ils menacent les gouvernements d'une grève générale européenne. Mais, emportés en quelques jours par leurs patriotismes respectifs, les députés socialistes chacun dans leur pays votent les crédits de guerre. L'Europe socialiste est morte avant d'avoir existé.

À Paris, des foules furieuses crient :

« À Berlin ! On les aura ! »

Et à Berlin les nationalistes répondent :

« Nach Paris ! »

Le 1er août 1914, Guillaume II déclare la guerre à la Russie. Le 3 août, il déclare la guerre à la France. L'Allemagne envahit la Belgique. L'Angleterre déclare la guerre à l'Allemagne.

Cela va durer quatre ans. On mobilise les colonies africaines, indochinoises, indiennes ; le Proche-Orient est entraîné dans le conflit, l'empire turc s'effondre. Au total, soixante-cinq millions de soldats, huit millions et demi de morts, dont un million trois cent cinquante mille pour la France, un million sept cent soixante-dix mille pour l'Allemagne. En 1917, l'Amérique intervient à son tour.

Pour l'Europe du XXe siècle, c'est le laboratoire de l'horreur, la première guerre industrielle avec des engins nouveaux, la mitrailleuse, le char d'assaut, l'avion ; le massacre de masse, les bombardements et les tueries de civils.

De là naîtront la révolution bolchevique et le nazisme, Staline et Hitler, une Europe brisée qui, impuissante à se réunir, s'abandonne à la montée des régimes totalitaires.

Le dernier conquérant qui ait unifié l'Europe, Adolf Hitler, ne croyait pas à l'Europe, et moins encore à ses valeurs. Le nazisme exprime la haine de la pensée. Hitler avait comme première idée fixe l'expansion du territoire allemand. Le IIIe Reich devait d'abord amalgamer le maximum de populations germaniques ou pseudo-germaniques, pourchasser les juifs, asservir et exploiter les autres peuples. La force barbare et le racisme.

Hitler se fichait bien de l'Europe lorsqu'il partageait la Pologne avec Staline, en 1939, lors de ce pacte germano-soviétique qui réunissait les dictatures contre les démocraties. Il s'en moquait tout autant en occupant la France, lui imposant son autorité avec l'aide d'un vieux maréchal, Philippe Pétain, dont la gloire ancienne servait à couvrir la soumission et la honte.

L'Europe s'était réfugiée à Londres, autour de Winston Churchill, où se retrouvaient les gouvernements et les dirigeants libres de la France, de la Belgique et de l'Europe du Nord, de la Pologne, de la Tchécoslovaquie et de la Yougoslavie... Churchill proposa même à de Gaulle d'unifier complètement la Grande-Bretagne et la France, gouvernement commun, armée commune. L'affaire ne se fit pas. Rêve un instant à ce qui serait advenu si les deux pays avaient alors fusionné. Qu'aurions-nous fait en 1945 ? Aurions-nous eu la mauvaise idée de nous séparer à nouveau ? Serions-nous restés comme une fédération ou une confédération ? Toute l'histoire en aurait été changée, celle d'une Grande-Bretagne enfin attachée au continent, celle d'une France empêchée de mener librement ses guerres coloniales. Et le roi d'Angleterre ? Et le général de Gaulle ? Jolie politique fiction.

Retour à 1941. Hitler commence à utiliser le mot Europe : « Il faut faire l'Europe contre le bolchevisme ! » C'est que l'Allemagne a envahi la Russie et qu'il lui faut bien une propagande. Les nazis placardent des affiches dans les pays occupés : « L'Europe gagne ta prospérité ! » — *« Europa siegt dein Wohlstand ! »* Prospérité ? Qui pourrait y croire, sauf quelques collabos pathologiques, enrichis par le brigandage des biens juifs ? On ne voyait que la grande Allemagne, ses SS et sa Gestapo. L'Europe dans son ensemble connaissait un même sort : le rationnement et la misère, les massacres, le génocide des Juifs et des Tsiganes, les camps, la torture, et le Reichsmark imposé comme monnaie commune. En fait, Hitler n'avait d'autre vision stratégique que le pillage — des matières premières aux œuvres d'art —, la déportation de populations entières, la purification ethnique et la liquidation des petits États : l'Europe de l'horreur. La comptabilité macabre va bien au-delà de celle de la guerre de 14. Après l'affrontement de quatre-vingt-douze millions de soldats, on estime à trente-cinq ou soixante millions le nombre de morts civils ou militaires, dont six millions de Juifs.

L'Allemagne nazie s'effondre en 1945 sous les coups des résistances et des armées alliées. Comme je te l'ai dit, si des hommes d'État visionnaires ont ensuite créé notre Union européenne, c'est avant tout pour empêcher le retour à tant de barbarie.

Lucidement ils voyaient dans les États-nations et leur concurrence la cause des dominations et des guerres. La dernière ayant passé toute mesure, nos Européens des années quarante et cinquante décidèrent de changer le système entier qui l'avait permis.

De l'autre côté, Staline. À l'inverse d'Hitler, le dictateur de la Russie soviétique a bien une vision précise de l'Europe : il la souhaite communiste. D'accord, il reste enfermé au Kremlin, il déteste les voyages et méprise l'esprit occidental. Il préfère Napoléon à Dickens, Goethe, Boccace ou Voltaire. Il ne croit pas à la révolution prolétarienne mondiale.

Il croit en ses armées.

Il a toujours rêvé d'expansion mais néglige l'Asie. Dans les années trente, il a laissé tomber les communistes chinois et traité avec les nationalistes qui les assassinaient. En revanche, il a vite aidé la République espagnole en guerre civile contre les fascistes de Franco, envoyé ses avions et ses chars, ses Brigades internationales, pour noyauter à la fin le gouvernement de Madrid. Il prête la plus grande attention aux partis communistes occidentaux, surtout le français. L'Europe est quadrillée par ses espions et ses groupes de pression.

Quant, à la fin de la Seconde Guerre mondiale, Staline s'entend avec ses alliés de la coalition anti-hitlérienne, Roosevelt l'Américain et Churchill le Britannique, il réclame sa part d'Europe et, sa ruse l'emportant sur la naïveté des États-Unis, l'obtient.

Mouvements manipulés des masses, élections truquées, l'Union soviétique domine ainsi la Pologne qu'elle a amputée, un morceau de l'Allemagne à l'est, la Tchécoslovaquie, la Hongrie, la Roumanie, la Bulgarie, l'Albanie, et la Yougoslavie pour un temps. Elle tente de s'emparer de la Grèce ; les Anglais et les Américains l'en empêchent.

Staline possède ainsi sa demi-Europe, et c'est bien cela qui l'intéresse. Lorsqu'en 1947 il veut resserrer la discipline des divers partis communistes, à l'est comme à l'ouest, il ne ressuscite pas le vieux Komintern, l'Internationale de Lénine qui avait vocation mondiale, mais un Bureau d'information des PC européens, le sinistre Kominform.

Les nouveaux satellites de l'URSS, de la Pologne à la Roumanie, sont énergiquement soviétisés : tout le pouvoir aux partis communistes, et dans le parti tout le pouvoir au secrétaire général bridé par Moscou et transformé en petit Staline local. On pratique un culte grotesque de Staline, « l'homme que nous aimons le plus », « le maître génial du communisme mondial, le chef, l'ami et le frère des travailleurs de tous les pays ». En Occident, Sartre, Aragon, Jacques Prévert, Picasso, Chaplin, Honegger, Darius Milhaud, Juliot-Curie et tant d'autres trouvent cela très bien. À Paris, les militants chantent :

L'étoile claire de Staline
Ouvre l'amour au monde entier

La demi-Europe de Staline se couvre de prisons et de camps, elle multiplie à l'image de Moscou des procès invraisemblables où les accusés, d'anciens dirigeants communistes brisés par la torture, avouent des crimes imaginaires. Car Staline voit partout deux ennemis, y compris dans les PC : les nationalistes, à éliminer avant qu'ils ne pensent à défendre leur pays contre l'oppression russe ; les internationalistes ou supposés tels, ces hommes qui pourraient avoir d'autres fidélités à l'écart du communisme moscoutaire. Ainsi persécute-t-il les anciens résistants au nazisme, les survivants des Brigades internationales d'Espagne, et, sous couvert de lutter contre un cosmopolitisme qu'il déteste, tout simplement les juifs.

Staline fait remodeler les capitales, détruire les églises, ériger les basiliques massives et les statues hideuses du réalisme socialiste. On pouvait compter à Varsovie plus de soixante-dix monuments dédiés à l'amitié soviéto-polonaise. À Prague la statue est si colossale que la colline de Letna qui la porte s'effondre ; il faudra injecter des tonnes de ciment dans la terre. Cet édifice absurde fut aussi difficile à détruire qu'à construire.

Comme tu le sais aujourd'hui, la demi-Europe de Staline ne fonctionnait pas. La planification économique était si rigide qu'elle se grippait dans le gaspillage et la corruption. Pour juger de l'efficacité des entreprises, les planificateurs ont inventé une série d'indices plus subtils les uns que les autres. Pourtant l'indice quantitatif reste déterminant, le seul qui soit simple et universel. Il en résulte une course à la quantité au détriment de la qualité. On vit même une usine fabriquer des tracteurs les plus lourds possibles pour remplir l'objectif du plan mesuré en tonnes : les ouvriers boulonnaient des lingots de fonte sous le châssis. De temps en temps, pour remédier aux difficultés, les planificateurs ajoutent un nouvel indice, instituent un nouveau contrôle qui ne sert à rien, si ce n'est à alimenter la boulimie de la machine administrative. Chacun est irresponsable, une prudente paresse s'empare des sociétés, la régulation économique se fait par la terreur et la police. Ainsi la Tchécoslovaquie, aussi développée que la France avant la guerre, est-elle devenue dans les années cinquante un pays pauvre et triste.

Staline meurt en mars 1953. En juin à Berlin-Est, des ouvriers manifestent contre la vie chère, les chars russes les dispersent. En 1956, la Pologne bouge, la Hongrie se révolte, là aussi il faudra des chars. En 1968 la Tchécoslovaquie, un instant libérale, est envahie à son tour.

Les successeurs de Staline tentent de réformer le système, toujours en vain. Malgré les chiffres d'une croissance auto-proclamée, l'Europe de l'Est s'enfonce dans la dépression. On ne répare plus les immeubles, faute de volonté et d'argent on garde les ruines. Dans les banlieues hideuses, les architectes communistes inventent un nouveau style : le prédélabré.

Tu ne t'étonnes pas si le communisme a pour pire ennemi l'Europe libre et son Marché commun.

Jouant des grands PC français et italien, Moscou se déchaîne contre la construction européenne, tour à tour accusée de réhabiliter les nazis, de servir l'impérialisme américain et d'organiser l'exploitation des travailleurs. Pour riposter au plan Marshall, la Russie avait créé en 1949 un petit marché commun de l'Est, le Comecon, afin d'arracher ses satellites à l'Europe occidentale, de spécialiser leurs économies et de les orienter en fonction des besoins du camp socialiste.

Rien n'y fera : échec politique, financier, industriel, agricole, la lourde machinerie communiste au départ fondée sur la culture du charbon et de l'acier reste incapable de se convertir au monde moderne. En août 1961, il ne restait qu'un point de passage entre l'Est et l'Ouest : Berlin. Les Allemands fuyaient le socialisme par centaines. Moscou fit construire un mur, coupa la ville en deux, et par la même occasion l'Europe elle-même.

C'est ce mur qu'une foule émue perce et bascule en novembre 1989. J'y étais. J'ai vu le chancelier Kohl, les larmes aux yeux, tête nue dans le froid, franchir à pied le passage où la police de l'Est avait tué tant de fugitifs. Les régimes communistes s'effacent partout en quelques mois. La demi-Europe rejoint l'autre moitié. La deuxième grande dictature de notre siècle est morte de son incurie plus encore que de sa violence ou de notre volonté. Les pays qui en furent les victimes réclament aujourd'hui leur place dans l'Union européenne.

6

DE LA CECA À L'EURO

Le grand acteur de l'Europe, l'Inspirateur comme disait le général de Gaulle en pestant, ce n'est pas un homme politique, un président, un ministre, mais le fils d'un marchand de cognac qui avait appris le monde en vendant des tonneaux et des bouteilles, de l'Angleterre à l'Égypte, de la Russie à l'Amérique. Il se nomme Jean Monnet, petit chapeau, petite moustache, petite taille. Rien de flamboyant, mais une volonté et toujours des idées claires : le prophète est un pragmatique.

Né à Cognac dans la Charente en 1888, vrai bourgeois et grand voyageur, c'est un « provincial internationaliste », séduit par l'esprit de corps des Anglais et l'efficacité américaine. Il n'aime pas les livres, les études et les théories, leur préfère l'action. Il sait convaincre. Il travaille comme un fou, et on ne lui connaît que deux faiblesses : un goût immodéré pour le chocolat et l'amour des grands hôtels victoriens.

Jeune homme, pendant la guerre de 14 il comprend que la France et la Grande-Bretagne, faute de coordonner leurs économies, courent à la défaite devant la puissance industrielle de l'Allemagne. Joli culot : il pousse la porte du président du Conseil — c'est alors le titre du Premier ministre en France — et le persuade de créer un pool de transports maritimes franco-britannique, qu'il dirige. 1918 : il regrette que les États en paix renoncent à l'organisation conçue pendant la guerre. 1920 : on le retrouve sous-secrétaire général adjoint de la Société des Nations, cette SDN qui préfigure l'ONU mais qui s'effondrera devant l'agressivité du Japon, de l'Italie et de l'Allemagne.

Jean Monnet ne s'arrête pas : il participe aux grandes négociations financières, crée une banque internationale, cherche à redresser l'économie polonaise, conseille le Kuomintang, les nationalistes chinois opposés à la fois aux Japonais et à Mao Tsétoung. Surtout, mais en vain, il appelle déjà à l'unité européenne.

1939 : tout recommence, la guerre la plus atroce, Jean Monnet coordinateur des approvisionnements alliés. Après la Libération, le gouvernement français le nomme Commissaire général au Plan.

Comment éviter le retour des conflits, et d'abord cet affrontement automatique entre la France et l'Allemagne, comment empêcher par avance la renaissance d'un nouveau nazisme ? Jean Monnet, plus imprégné que jamais des méthodes des réseaux anglo-saxons, a compris qu'il faut donner des idées aux hommes politiques qui n'en ont pas toujours. Il consulte, il reste dans l'ombre, il compte sur les relations personnelles entre des élites qui se concertent. Il ne croit pas aux pactes, aux accords, aux conférences, aux promesses : il y en a tant eu dans l'entre-deux-guerres ! Il ne croit pas non plus qu'on puisse dominer l'Allemagne pour toujours, ce qui a échoué en 1919 et ce dont rêve encore le général de Gaulle. Mais si la France propose à l'Allemagne une production commune de charbon et d'acier sous la direction d'une Haute Autorité, avec un Conseil des ministres commun et une assemblée commune, alors le conflit devient réellement, matériellement impossible. Un État qui n'est pas maître de son charbon et de son acier ne peut pas faire la guerre à son copropriétaire.

Voilà la grande idée : contourner la politique traditionnelle, construire l'Europe en commençant par l'économie, verrouiller les dirigeants par une structure indépendante des aléas diplomatiques.

Jean Monnet entraîne le ministre français des Affaires étrangères, Robert Schuman, un Lorrain né au Luxembourg, démocrate-chrétien énergique et pro-européen de forte conviction. Schuman est enthousiaste. Le 9 mai 1950 en fin d'après-midi, il fait une déclaration dans le salon de l'Horloge du Quai d'Orsay et reprend les termes de Jean Monnet, mais en quelques phrases presque inaudibles, pour tromper l'attention de ses adversaires. Konrad Adenauer, le chancelier allemand, démocrate-chrétien lui aussi, était prévenu à l'avance ; il approuve avec passion et « remercie Dieu ». L'Italie, la Belgique, les Pays-Bas et le Luxembourg acceptent le plan Monnet baptisé plan Schuman.

La première Europe des Six naîtra un an plus tard, à l'initiative de la France.

Les communistes, par amour de Staline, se scandalisent : pas question de traiter avec les « Boches ». Le général de Gaulle, par nationalisme, condamne cet « espèce de méli-mélo des charbons et des aciers » qui ôte ses droits à la grande politique. La gauche du Parti socialiste ne veut rien faire sans les Anglais, et bien sûr les Anglais — qui encouragent les autres — refusent d'adhérer pour eux-mêmes. Les travaillistes alors au pouvoir à Londres tranchent : « Nous sommes plus près de l'Australie et de la Nouvelle-Zélande que de l'Europe… » La Communauté européenne du charbon et de l'acier (CECA) tient bon. En 1952, Jean Monnet en est le premier président.

Dans l'esprit de ses initiateurs, il s'agit d'une étape. Une petite communauté d'hommes s'est formée, qui décide de poursuivre l'entreprise jusqu'à l'union réelle de l'Europe, jusqu'au fédéralisme. Autour du couple franco-allemand, qui réunit Robert Schuman et Konrad Adenauer, on trouve les Européens de toujours, pour la Belgique le socialiste Paul-Henri Spaak — le patron et l'ami de ton grand-père —, pour l'Italie le président du Conseil démocrate-chrétien Alcide De Gasperi. On les nommera les pères fondateurs. Ils ont trouvé la grande œuvre de leur vie, ils pèsent les avancées et les reculs, les oppositions politiques de droite et de gauche, l'égoïsme des peuples, souvent l'indifférence de l'opinion ou son hostilité.

Ils sont tous nés avant le siècle — Adenauer, le plus vieux, est de 1876 —, c'est dire qu'ils appartiennent, comme Jean Monnet, à une génération qui a connu les deux guerres mondiales, qui a vécu comme un drame les échecs des années vingt et trente, l'impossibilité de rassembler les États et les hommes avant l'épanouissement de l'horreur hitlérienne. Ils ont tiré les leçons, ils veulent faire vite.

La seconde étape se distingue à peine de la première. En 1950, la démence de Staline est à son comble, les goulags de l'Union soviétique sont pleins, près de dix millions d'hommes, de femmes, d'enfants dans les camps, les États communistes satellites préparent à nouveau des procès délirants, Moscou possède la bombe atomique depuis septembre 1949, Mao Tsé-toung vient de prendre le pouvoir en Chine. Le 25 juin 1950, les armées communistes de la Corée du Nord attaquent la Corée du Sud ; sous couvert des Nations unies, les États-Unis et seize autres pays (dont la France) débarquent des troupes, la Chine communiste intervient à son tour. À Berlin, les Alliés ont péniblement desserré le blocus organisé par les Soviétiques. Staline dispose d'une massive supériorité militaire en

Europe. Chacun se demande avec angoisse si la troisième guerre mondiale n'a pas déjà commencé.

Face à la menace communiste, les États-Unis veulent impérativement réarmer l'Allemagne de l'Ouest. Mais comment expliquer cela à ceux qui ont vécu la guerre, surtout aux Français ? Comment les peuples victimes du nazisme pourraient-ils admettre la reconstitution d'une armée allemande cinq ans après la défaite d'Hitler, et forcément avec les mêmes hommes ?

Jean Monnet propose une idée : réarmer l'Allemagne, mais sans lui laisser le commandement de ses troupes ; créer donc une armée européenne, intégrée dans l'OTAN, où se fondraient des bataillons allemands comme des bataillons français, belges, italiens… Tout d'abord réticents, les Américains finissent par accepter, les Britanniques aussi mais, comme d'habitude, sans vouloir y participer.

Le premier plan Monnet, la CECA, fut nommé plan Schuman, le deuxième plan Monnet se nomme plan Pleven, du nom du président du Conseil français qui le présente en octobre 1950.

Mais cette fois les communistes français et italiens ne se laissent pas faire. Ils déclenchent une campagne effrénée contre la CED. La France se couvre d'affiches où l'on voit un soldat nazi, rictus terrible et insigne SS, qui menace les passants de sa mitraillette ; en arrière-plan, des ruines, des flammes, une mère qui pleure son enfant mort. La CED, pour le PC, est un affreux complot qui réhabilite les généraux hitlériens, qui ressuscite le fascisme pour écraser les peuples, pour préparer la plus injuste des guerres contre l'URSS, la patrie des travailleurs.

De son côté, le général de Gaulle se lance à toute force contre le projet : on veut prendre, on veut détruire l'armée française, garante de la souveraineté nationale.

Gaullistes et communistes, qui ailleurs s'affrontent à coups de barres de fer — il y a parfois des morts —, se retrouvent dans les mêmes meetings pour dénoncer ensemble l'impérialisme américain et ses valets de la petite Europe. À eux deux, ils représentent près de la moitié de la France : aux élections de 1951, les gaullistes recueillent 21,5 % des suffrages, le PC 25,6.

Tous les autres partis sont divisés, à l'exception des démocrates chrétiens très majoritairement favorables à l'armée européenne. Les socialistes se disputent entre eux, comme les radicaux et la droite libérale, au bord de la scission. On enrôle Jeanne d'Arc et Clemenceau, Robespierre et Victor Hugo. On accuse les militants de l'Europe de vouloir la mort de la patrie : des traîtres.

Une extraordinaire polémique emporte la France.

Peux-tu imaginer un pays entier coupé entre cédistes et anti-cédistes ? Comme aux temps de l'affaire Dreyfus ou du pétainisme finissant, on se prenait de querelle jusque dans les repas de famille, et au fond des provinces de vieux oncles ou de jeunes cousins partaient en claquant la porte en plein dessert. On se battait dans les écoles.

Le monde et l'Amérique, stupéfiés, regardaient la France. Elle avait eu l'idée de l'armée européenne, l'avait imposée à ses partenaires, et voilà qu'elle se déchirait d'incroyable manière ! Les Pères de l'Europe étaient atterrés : le premier débat public sur la construction européenne tournait à la guerre civile froide.

Cette querelle dura presque quatre ans, jusqu'au jour où soucieux d'en finir le nouveau président du Conseil, Pierre Mendès France, mit l'affaire aux voix devant la Chambre des députés. Le projet fut rejeté à l'été 1954. Les partisans de l'Europe nommèrent cela « le crime du 30 août ». Ils crurent que tout était perdu, et l'Europe par terre. Cependant la CECA avait résisté et commençait à fonctionner réellement. L'Allemagne fut réarmée sans CED et sans drame, elle entra dans l'OTAN. Staline était mort.

En 1955, échaudés par l'aventure de la CED, nos Européens en reviennent au schéma originel : commencer par l'économie. Jean Monnet propose d'organiser une Europe de l'atome civil à l'image du charbon et de l'acier. C'est alors que Paul-Henri Spaak se montre plus audacieux que l'Inspirateur lui-même : il forme le projet d'une intégration économique des six pays de la CECA, avec union douanière et institutions communes, bref une véritable communauté européenne. Jean Monnet approuve aussitôt. À la fin de son mandat de président de la CECA, il fonde un Comité d'action pour les États-Unis d'Europe.

Le Comité accueille les représentants des partis et des syndicats des Six, droite et gauche, sauf les gaullistes et les communistes, adversaires de toujours. Les réunions, les échanges se multiplient. Au plus haut niveau, d'anciens ou de futurs présidents du Conseil y représentent la France, des hommes de droite et du centre comme Antoine Pinay ou René Pleven, le socialiste Guy Mollet, le démocrate chrétien Pierre Pflimlin. On y croise un beau jeune homme qui se nomme Valéry Giscard d'Estaing.

Cette constante et efficace conjuration démocratique durera près de vingt ans. Elle a bouleversé l'organisation de notre continent, orienté les révolutions techniques et industrielles qui allaient changer nos vies. Les gaullistes et les communistes voyaient partout la main de Monnet, ses réseaux : ils n'avaient pas tort. Mais aujourd'hui en France les grandes agitations plus voyantes sont passées — le colonialisme, le communisme austère et populiste du PC et de la CGT, les gauchismes, avec leurs drapeaux et leurs idéologies —, et loin des fracas et des meetings, tu vois bien que ce sont les hommes de l'Europe qui ont gagné, sur un demi-siècle, lorsque leurs successeurs ont signé et fait voter le traité de Maastricht et institué l'Union européenne.

Revenons en 1955. Le 1er juin, à l'invitation des Italiens, une conférence européenne se réunit à Messine. Le texte est clair et net : « La construction européenne […] doit être réalisée tout d'abord dans le domaine économique. [...] Il faut poursuivre l'établissement d'une Europe par le développement d'institutions communes, la fusion progressive des économies nationales, la création d'un marché commun et l'harmonisation progressive de leurs politiques sociales. »

On négocie durement, sérieusement, sur cette base pendant deux ans. Aux côtés de Jean Monnet, Paul-Henri Spaak entraîne, conseille, discute et fait rediscuter pour effacer les désaccords : l'Inspirateur et l'Organisateur. Enfin, le 25 mars 1957, les Six signent le traité fondamental qui institue la Communauté économique européenne (CEE). Cette fois les pères de l'Europe ne jouent pas à l'Empire romain : il n'y a pas de César dans la Communauté. Seule trace du souvenir, c'est à Rome que l'on signe et c'est Rome qui donne son nom au traité.

Le Marché commun est né.

L'événement ne remua pas les foules. L'Allemagne, l'Italie, le Benelux trouvèrent l'issue heureuse et naturelle. Pour une fois, la France ne se distingua pas. Il faut dire que le même jour les Six avaient parafé un autre traité, l'Euratom, sur la coopération des industries civiles nucléaires. Le prestige, le mystère de l'atome étaient tels qu'ils éclipsèrent l'accord essentiel de la CEE. L'opinion publique ne comprit guère l'importance de ce qui venait de se décider. On avait oublié les gesticulations inouïes sur la CED, et puis la France avait bien autre chose à faire : envoyer sa jeunesse combattre et mourir en Algérie pour défendre un système colonial condamné. Le traité de Rome fut donc ratifié sans problème par un Parlement d'où les gaullistes avaient quasiment disparu.

Comment te définir le Marché commun en quelques phrases ?

C'est d'abord une union douanière qui doit favoriser la libre circulation des marchandises — et des hommes — entre les six pays de la Communauté : on lève par étapes les frontières entre soi.

Les Six s'engagent à rapprocher peu à peu leurs économies, et surtout à mettre en œuvre des politiques communes dans des domaines essentiels : l'agriculture, les transports, le commerce extérieur... Leur action doit servir le progrès social, condition parfois oubliée.

Le traité établit des institutions auxquelles, une fois les choix acceptés par tous, chaque État abandonne une part de sa souveraineté : un Conseil des ministres qui rassemble les dirigeants de chaque pays ; une Commission européenne indépendante, sorte d'agent d'exécution et de proposition ; un Parlement dont les élus contrôlent la Commission ; enfin une Cour de justice et une Cour des comptes.

Ces institutions ont beaucoup évolué, elles se sont renforcées. Elles demeurent la base de l'Union d'aujourd'hui.

Le traité de Rome entre en vigueur le 1er janvier 1958. Six mois plus tard, l'Europe s'inquiète : la guerre d'Algérie a bouleversé la France, corrodé la IVe République qui tombe devant les complots de l'extrême droite, le général de Gaulle ramasse le pouvoir. Son prestige est immense, son autorité écrasante.

Que va faire de Gaulle ?

Il est, ne l'oublie pas, le vieil ennemi de Jean Monnet et des pères fondateurs, l'adversaire du fédéralisme et de « l'Europe apatride », le tombeur de la CED, l'amoureux d'une France souveraine. Il peut dénoncer le traité de Rome, qu'il a désapprouvé l'année précédente, effacer d'un coup dix ans d'efforts.

Eh bien, non. Il assure que la France respectera sa signature. Mieux : dès l'automne 1958 il reçoit chez lui, à Colombey-les-deux-Églises, le chancelier Konrad Adenauer. Les deux hommes se respectent et s'entendent : ils proclament avec force la réconciliation franco-allemande, en des termes que seuls pouvaient utiliser l'ancien chef de la France libre et l'ancien avocat anti-nazi. De Gaulle dira plus tard : « Les Gaulois et les Germains constatent qu'ils sont solidaires », il parlera de la « coopération des deux grands peuples réconciliés », il affirmera : « Nous avons le devoir d'être frères. » Enfin il définira l'Europe comme « une grande espérance ».

Le 1er janvier 1959, la première étape d'ouverture des frontières se passe comme prévu par le traité.

Voilà un beau paradoxe historique. Car nous savons aujourd'hui que l'authentique Européen Pierre Pflimlin, au pouvoir juste avant le général de Gaulle, avait la secrète intention de demander le report de l'échéance : il estimait que la France n'était pas assez forte pour supporter aussi vite le choc de la concurrence de ses partenaires dans un marché libre.

De Gaulle, lui, a décidé par orgueil national que la France n'avait pas à reculer devant pareilles craintes, et que tout était affaire d'énergie, de réforme et de volonté. D'ailleurs les hommes du Comité d'action de Jean Monnet, le démocrate chrétien Pierre Pflimlin et le socialiste Guy Mollet, participent à son gouvernement. Ils franchissent avec de Gaulle le nationaliste ce pas européen qu'ils n'auraient pas osé faire sans lui.

Il ne s'agit pas d'une conversion, personne n'a quitté ses positions de départ, l'Europe du général de Gaulle n'est pas celle de Jean Monnet. Très soucieux des identités nationales — d'abord de celle de la France —, de Gaulle rejette l'idée d'une fédération au bénéfice d'une « confédération d'États européens » anxieux de leur indépendance, attachés à leur culture : la coopération oui, et même militaire, mais non l'intégration.

Nouveau paradoxe : afin de servir les intérêts français, et vendre à haut prix la production nationale à ses partenaires, de Gaulle se bat pour imposer la politique agricole la plus commune possible, alors que certains fédéralistes auraient volontiers laissé les problèmes paysans à l'écart des accords européens.

Or c'est pour l'agriculture que l'intégration sera la plus forte, et qu'elle le reste encore aujourd'hui.

Pendant quatre ans, de 1958 à 1962, la construction européenne prend ainsi un départ décisif ; les contradictions, l'ambiguïté qui régissent les rapports de la France et de ses vis-à-vis n'empêchent pas l'œuvre commune.

La première secousse vient en 1962, à propos de la Grande-Bretagne. Tu as vu que celle-ci était restée à distance de la Communauté économique européenne. Selon une politique constante et séculaire, elle a essayé au départ de noyer le tout dans une vaste zone de libre-échange continentale, sans institutions ni structures, une Europe de la marchandise et du commerce, son vieux rêve. Les Six ne l'ont pas accepté. Dès 1959, les Anglais ont donc monté une petite Europe concurrente de celle des Six, sans obligations ni sanctions. Ils ont réuni dans un accord purement douanier les pays du Nord, la Norvège, la Suède, le Danemark, auxquels se sont joints la Suisse de farouche indépendance, l'Autriche isolée par la volonté soviétique et le Portugal du dictateur fasciste Salazar. C'est dire si le cadre était lâche... Je t'ai raconté que ton grand-père conçut un projet pour concilier le libre-échangisme de cette zone (dite AELE) avec les exigences politiques de la Communauté économique européenne. La France s'y opposa. Mais voici qu'en 1961 la Grande-Bretagne juge que, puisqu'il lui est impossible de modifier la position de la CEE de l'extérieur, elle va le tenter de l'intérieur. Virage politique : elle pose carrément sa candidature à l'Europe des Six.

En janvier 1963, sans consulter personne, et surtout pas ses partenaires, de Gaulle casse les négociations avec la Grande-Bretagne. Un frisson anti-gaulliste parcourt l'Europe.

Encore un paradoxe : en France, en Italie, en Belgique, partout les partisans de l'Europe fédérale, les intégrationnistes, les supranationalistes désiraient l'entrée de la Grande-Bretagne dans la Communauté. Or la Grande-Bretagne était, et reste encore, la moins fédéraliste, la moins intégrationniste, la moins supranationaliste de tous les pays. Suppose qu'elle soit entrée comme partenaire à part entière : par sa simple arrivée, elle ébranlait l'ensemble du système institutionnel européen, tout le contraire de ce que souhaitaient ses défenseurs. Plus de directives qui s'imposent à tous, plus de politique agricole commune, plus l'espoir d'un vote à la majorité, l'unanimité obligatoire et la Commission dépouillée de ses prérogatives. En rejetant la Grande-Bretagne, de Gaulle protégeait de fait les institutions de Bruxelles qu'il contestait par ailleurs. Tu peux sourire : la politique avance souvent par la contradiction et les effets pervers.

Je ne vais pas te détailler les crises d'une Europe qui se maintient, se grippe parfois et progresse pourtant. De Gaulle contre-attaque en négociant directement avec le chancelier Adenauer et en établissant, d'État à État, un axe franco-allemand. De Gaulle avance un plan d'organisation politique pour l'Europe des États, qui échoue. De Gaulle s'indigne des projets financiers de la Commission, se fâche, se retire, — on nomme cela la « politique de la chaise vide ». De Gaulle passe un compromis au Luxembourg...

Nous sommes bientôt en pleine guerre du Viêt-nam, le tiers monde bouge. Le Général se désintéresse de la Communauté, qu'on appelle « la petite Europe américaine », parce que ses partisans restent attachés à la diplomatie des États-Unis et n'osent pas plus dénoncer publiquement les bombardements américains sur le Viêt-nam du Nord que l'envoi d'un corps expéditionnaire de cinq cent mille hommes au Viêt-nam du Sud. De Gaulle prophétise une grande Europe « de l'Atlantique à l'Oural », il effraie par l'hostilité qu'il porte aux États-Unis, par le rapprochement qu'il amorce avec les Soviétiques.

Survient Mai 68. Comme il y a une Europe des industriels et des marchands, il existe une Europe des révolutions. La chose n'est pas nouvelle : un siècle et demi plus tôt, en moins de six mois, les émeutes républicaines de 1848 avaient ébranlé tout le continent, de Milan à Munich, de Vienne à Berlin, de Budapest à Varsovie et à Prague. On vit même des barricades à Londres sur Trafalgar Square. À Paris, le régime du roi Louis-Philippe en tomba, et les socialismes naissants répandirent leurs idées par-delà les frontières dans une formidable crise d'indiscipline. Une contagion bien plus qu'une conjuration.

Même mouvement en 1968 : la révolte commence en Allemagne, elle flambe à Paris, touche l'Italie, à

Prague elle ébranle l'ordre communiste. Là aussi elle enjambe les frontières, comme une fraternité soudaine qui mêle indissolublement la liberté et le sectarisme. Ainsi s'affirme dans une brève violence l'Europe d'une jeunesse oubliée par les traités et les montants compensatoires. Les démocraties parlementaires plient et résistent. Le gaullisme ne s'en remet pas, malgré une victoire électorale. Moins d'un an plus tard, le Général quitte le pouvoir.

Et l'Europe reprend un cours plus tranquille.

En 1973, le président Pompidou lève le veto que la France faisait peser sur la Grande-Bretagne. Celle-ci entre avec prudence dans la Communauté, accompagnée de l'Irlande et du Danemark, protégée de la supranationalité par un système d'exceptions et de dérogations.

Quelles images te laisser de ces années fondatrices ?

D'abord une Europe solide malgré des séries de tensions et de négociations, singulièrement sur l'agriculture, et presque toujours entre la France et ses partenaires du Nord, l'Allemagne dans la position du conciliateur. Les négociateurs passaient des nuits blanches, discussions chiffre après chiffre, paragraphe après paragraphe, avec débat sur les adjectifs. Au début tout le monde s'inquiétait : signeront-ils, ne signeront-ils pas ? On pensait à chaque fois que l'édifice tout entier était en péril. Puis on prit l'habitude de voir l'Europe entrer en crise et s'en sortir trois nuits plus tard, sans préjudice apparent, les ministres trouvant souvent un compromis en fin de course. On qualifia ces terribles tractations de « marathons bruxellois », — quoique l'exercice n'eût pas grand-chose à voir avec celui du soldat grec qui, en 490 avant Jésus-Christ, courut d'une traite 42 kilomètres et 195 mètres pour annoncer à Athènes la victoire de Marathon sur les Perses, et qui en mourut.

Nous avons tiré de ces épreuves toujours surmontées une confiance peut-être excessive, et l'espérance qu'aucune brisure n'est irrémédiable.

Autres images : tout simplement les cartes de l'Europe. Prends un atlas historique. En 1944, une petite tache posée au nord de la France, la première esquisse : la Belgique, les Pays-Bas et le Luxembourg se lient par une convention d'union douanière qui prendra ensuite le nom de Benelux.

En 1951, voici le rassemblement des Six qui forment la CECA. Nous avons une belle surface au milieu de l'Europe occidentale, dont les cartographes vont foncer les couleurs quand les mêmes créent la Communauté économique européenne (CEE) par le traité de Rome en 1957.

En 1973 apparaît l'Europe des Neuf : le Royaume-Uni, l'Irlande et le Danemark ont adhéré à la CEE. 1979, l'Europe des Dix avec l'arrivée de la Grèce. 1986, l'Europe des Douze avec celle de l'Espagne et du Portugal.

L'Europe des Quinze se constitue en 1995 : la Suède, la Finlande et l'Autriche rejoignent la Communauté transformée en Union européenne (UE). Pour onze de ces États, la monnaie unique est entrée en vigueur le 1er janvier 1999.

La Suisse récalcitrante apparaît désormais comme un trou blanc au centre de l'Europe occidentale : combien de temps va-t-elle tenir ? Et la Norvège, encore absente, isolée au nord-ouest ?

Nous savons tous qu'à partir de 2003, peut-être plus tard, l'Europe va s'étendre à l'est avec la Pologne, la Hongrie, la République tchèque, les pays Baltes… L'Union ira un jour jusqu'aux portes de la Russie. Que fera la Russie ? Que sera-t-elle ?

Dernières images : des photos de mariage franco-allemands. Après l'impulsion première de Jean Monnet, qui se poursuivit jusqu'à sa mort en 1979, on voit l'accord du Français Robert Schuman et de l'Allemand Konrad Adenauer. Ensuite l'étrange et profonde complicité historique entre le général de Gaulle et le même Adenauer. L'Europe s'essouffle faute de connivence entre Georges Pompidou et Willy Brandt. L'Europe repart, et vivement, avec l'amitié qui lie le libéral Valéry Giscard d'Estaing et le social-démocrate Helmut Schmidt. Après 1982, c'est l'inverse : la France est à gauche, l'Allemagne à droite. Cela n'empêche pas une réelle entente entre François Mitterrand et Helmut Kohl, que leurs cultures et leurs parcours eussent dû pourtant séparer. Cette alchimie ne s'est pas reproduite après le départ de François Mitterrand en 1995 : pas de couple Jacques Chirac-Helmut Kohl, ou Jacques Chirac-Gerhard Schröder, pas davantage entre Gerhard Schröder et Lionel Jospin, tous trois, note-le, anciens eurosceptiques reconvertis. Mais une situation intéressante : onze des quinze pays de l'Union (manque l'Espagne) ont désormais à leur tête un gouvernement à direction ou à forte participation socialiste, social-démocrate ou travailliste. L'Europe de gauche saura-t-elle inventer une philosophie commune, tracer cette troisième voie entre libéralisme et étatisme qu'annonce Tony Blair et qui répugne encore à Lionel Jospin, concilier la liberté du marché et la tradition du contrat social que partagent tous nos pays ?

Venons-en aux dernières étapes.

En 1986, la Communauté adopte l'Acte unique, première grande réforme du traité de Rome : il s'agit de créer pour de bon un espace sans frontières intérieures. De là viendra l'Union économique et monétaire qui mène directement au traité de Maastricht.

Entre-temps, l'Europe communiste s'est défaite : fin 1989, début 1990, il ne se passe pas une semaine sans que l'un des pays de l'Est, de la République démocratique allemande à la Tchécoslovaquie, de la Pologne à la Roumanie, ne bascule le régime socialiste imposé par l'Union soviétique après la guerre. Tout cela sans violence, avec gravité, avec, aussi, des espoirs mal placés dans un capitalisme mal compris. Mais pour la première fois depuis 1917, la menace communiste a disparu de notre continent.

Alors, Maastricht ? Tu l'as deviné avant que je ne t'en parle : le traité est ardu, compliqué, bien négocié et mal écrit, interminable dans ses détails et dans son juridisme. Il était peu encourageant à lire pour les citoyens qui le reçurent dans leur boîte aux lettres. Qu'importe, il assure le fonctionnement politique du grand marché intérieur. Il renforce l'intégration sur deux points très importants qui jusque-là échappaient aux compétences des institutions européennes : les affaires extérieures et la sécurité ; les affaires intérieures et la justice (c'est-à-dire l'immigration, le droit d'asile, la lutte contre les mafias...).

À l'occasion, la vieille CEE se transforme en Union européenne (UE) : tel est désormais le nom internationalement reconnu de l'entité formée par les Quinze.

Enfin le traité permet la création d'une monnaie unique.

La monnaie unique est une idée et une proposition françaises. Avant, on songeait à une monnaie commune, instrument de compte collectif qui aurait laissé en état la circulation des pièces et des billets particuliers, le franc en France et le mark en Allemagne... La monnaie unique implique au contraire une fusion complète et la disparition définitive des monnaies nationales. Qui en a eu l'idée ? On hésite entre Valéry Giscard d'Estaing et Raymond Barre. Qui a insisté pour convaincre ses partenaires ? François Mitterrand.

Le traité de Maastricht fut signé en février 1992. Encore fallait-il qu'il fût ratifié par les différents pays. Pour la plupart, cela se fit selon une procédure parlementaire classique, un vote des Chambres. Le Danemark, divisé, s'imposa un référendum : une majorité d'électeurs rejeta alors le traité. Restait la

France. Là, majorité socialiste et opposition de droite songeaient elles aussi à une procédure parlementaire, qui ne pouvait manquer d'aboutir et ne posait aucun problème.

Mais le président de la République François Mitterrand avait des ennuis de politique intérieure. Le gouvernement d'Édith Cresson, dont il attendait beaucoup, venait d'échouer ; des affaires d'argent, gains subits ou financements occultes, atteignaient la réputation des socialistes ; Pierre Bérégovoy, nouveau Premier ministre, n'enthousiasmait guère et les observateurs commençaient à se demander si François Mitterrand pourrait aller au bout de son deuxième septennat.

Comment mobiliser les socialistes, gêner l'opposition, détourner l'attention, reprendre l'initiative ? Il fallait un choc. Le président Mitterrand imagina d'organiser un référendum sur le traité de Maastricht.

Quoi de plus démocratique en apparence ? Et puis, pas plus que le peuple allemand ou les peuples britannique, belge, luxembourgeois, hollandais, italien…, le peuple français n'avait été consulté par référendum sur l'Europe. Sauf une fois, lors de la demande d'adhésion de la Grande-Bretagne au Marché commun. En 1972, pour coincer l'opposition socialiste, plus européenne que lui, le président Pompidou avait décidé un référendum sur le sujet. Il pensait contraindre le PS à voter « oui », le séparer ainsi des communistes qui allaient forcément voter « non », et dans son esprit ce « oui » à l'Angleterre apparaîtrait aussi comme un « oui » à Pompidou. Par malheur pour Georges Pompidou, le parti socialiste sut échapper au piège en appelant à l'abstention. Le président ne fut suivi que par un tiers des électeurs inscrits. L'intrigue avait échoué. La médiocrité du résultat ne servit pas la majorité de droite de l'époque, et desservit l'idée européenne.

En 1992, François Mitterrand — qui jusque-là avait désapprouvé les exercices référendaires des gaullistes — remonta une manœuvre comparable : il annonça son référendum par surprise et au dernier moment. Il rêvait de casser le RPR en deux, pro-européens contre anti-européens, d'entraîner le centre, de faire le plein des voix socialistes. C'est bien ce qui sembla se produire au début. Voyant qu'il existait dans l'opinion un courant hostile à Maastricht, quelques chefs néo-gaullistes décidèrent d'en profiter. Ainsi Charles Pasqua.

Avant qu'il ne fût question d'un référendum, et alors qu'on s'apprêtait tout simplement à faire ratifier le traité par l'Assemblée nationale et le Sénat, Charles Pasqua avait déclaré, le 2 juin 1992 : « La ratification des accords de Maastricht est souhaitable pour une seule raison, [...] suffisante à mes yeux : je ne vois pas la France donner aux autres pays européens le sentiment qu'elle veut interrompre le processus de l'union de l'Europe [...]. Je suis donc favorable, sinon aux accords de Maastricht eux-mêmes, du moins à leur ratification [...]. »

Mais dès qu'il fut question d'un référendum, Charles Pasqua devint en trois jours un violent adversaire de la ratification du traité, certain qu'il y avait là quelque occasion de se mettre en vedette et de gagner une position forte. Philippe Séguin en fit tout autant, qui aujourd'hui professe une foi contraire. Philippe de Villiers, qui appartenait depuis toujours à l'UDF — c'est-à-dire à la formation la plus européenne —, se découvrit lui aussi de vifs sentiments anti-Maastricht. Bel embarras pour Jacques Chirac et Édouard Balladur.

Le président Mitterrand se réjouissait. Les sondages laissaient supposer 60 % de « oui », puis 55 %. La France jusqu'alors ne se souciait guère de Maastricht ; elle fut précipitée dans une campagne électorale ardente et improvisée. Les citoyens, que la classe politique n'avait jamais vraiment informés sur l'Europe, furent saoulés d'informations hâtives, souvent fausses et toujours contradictoires. On retrouvait affaiblis les échos et les arguments de la bataille de la CED : mêmes clivages, des gaullistes d'accord avec les communistes, les partis divisés, y compris le PS qui vit naître sur sa gauche le nationalisme anti-européen de M. Chevènement. Quant à tous les mécontents, ils trouvaient là une occasion de dire « non » à leurs gouvernants sans plus se soucier de l'Europe.

Le « oui » tomba à 53 %, puis à 52, puis à 50, enfin — dans la joie ou l'affolement — à 49 %.

La manœuvre de M. Mitterrand tournait mal. Croyant consolider son pouvoir, il menaçait la construction européenne : que feraient les autres signataires du traité devant le retrait de la France ?

En termes vulgaires, cela s'appelle mettre le feu à la maison pour cuire son œuf à la coque.

Par bonheur Valéry Giscard d'Estaing et Jacques Chirac, conscients des risques, vinrent à la rescousse du « oui », hors des soucis partisans. Le traité de Maastricht fut ratifié par 51 % des suffrages, — rien de glorieux.

Les socialistes s'en sortaient mal. Pour briser la droite François Mitterrand avait ébranlé la gauche : la carte des « non » correspondait à peu de chose près à celle de l'électorat socialiste traditionnel. Les années suivantes, pour les législatives de 1993 et les européennes de 1994, le PS connut de grandes défaites.

Comme après chaque secousse, la construction européenne reprit son cours : bien ou mal ratifié, le traité de Maastricht était là. Cette fois, le pas se veut décisif, puisque par un impressionnant effort onze pays décident de créer la monnaie unique, l'euro, laissant aux trois autres (la Grande-Bretagne, la Grèce et le Danemark) la possibilité de les rejoindre. La France en tire un bel avantage. Auparavant écartée des vraies décisions monétaires européennes et internationales par la puissance du mark, elle retrouve un rôle important grâce aux décisions collégiales, et les grandes puissances lui prêtent une nouvelle attention. Mais tout cela n'appartient plus à l'histoire : c'est de l'actualité.

7

CE QUE L'EUROPE A CHANGÉ DANS NOS VIES

Connais-tu ta chance ? L'Europe a supprimé tout risque de guerre à l'ouest de notre continent. Ma génération est la première qui n'ait pas connu de conflit sur sa terre. Logiquement, ta génération devrait être la deuxième. Plus de cinquante ans sans mobilisation générale, on n'avait pas vu ça depuis la chute de Napoléon et le début du XIXe siècle.

Bien sûr, on ne s'en rend plus compte : la paix est chose abstraite. C'est la guerre qui est concrète, avec ses morts, ses bombardements, ses exils, ses camps…

L'unité européenne a remanié l'est de la France, l'ouest de l'Allemagne. Regarde Mulhouse : le centre ville reste vide. Regarde Metz, Toul et Verdun.

Avant, il y avait des casernes, des casernes, encore des casernes. Cette réforme géographique des installations militaires a transformé la vie des gens en une génération. La plupart de nos pays ont même supprimé le service militaire. Tu ne passeras pas un, deux ou trois ans à jouer durement au soldat, tu ne pataugeras pas dans la boue, tu ne balaieras pas ta chambrée, tu ne détesteras pas ton adjudant, tu ne porteras pas un béret ridicule, un treillis trop grand, un fusil trop lourd. Peut-être le regretteras-tu…

Bouleversement considérable : depuis des millénaires nous concentrions nos forces — bouclier et glaive — du côté des frontières.

Deuxième conséquence : l'Europe divisée de l'après-guerre était une Europe bloquée. On voyageait peu. Il fallait un passeport pour traverser les frontières, souvent un visa. Impossible de trouver des devises, c'est-à-dire des marks, des livres, des lires. Jusque dans les années 1948-1949, on devait se procurer un ordre de mission.

L'argent ne circulait pas du tout. C'était même un crime que sortir de l'argent de son pays : le contrôle des changes, établi en 1939 à la déclaration de guerre, n'était toujours pas complètement levé à la fin des années quatre-vingts. En Allemagne, il remontait au temps du nazisme. On peut définir le contrôle des changes comme une mesure totalitaire, puisqu'il te contraint dans tes voyages, dans ta vie quotidienne, dans tes achats.

Aujourd'hui, tu n'imagines pas qu'on ne puisse se procurer des marchandises au-delà de la frontière.

Avant, il fallait une autorisation pour acheter du charbon en Allemagne, du bois en Italie. Les Italiens avaient du mal à importer du porc français. Sans parler des babioles, les drames pour passer du tabac, une montre, du chocolat, de l'essence. Les douaniers mesuraient la quantité de carburant dans les réservoirs des voitures : interdit de rentrer plus de dix litres d'essence étrangère en France

Cela a duré jusqu'à la mise en application du traité de Rome, 1959 donc, deux ans après sa signature. Alors on commence à ouvrir les frontières, et de plus en plus. L'Europe apporte la mobilité des hommes et des marchandises, c'est-à-dire la multiplication des richesses.

À partir des années soixante, un Belge peut enfin envisager d'acheter une maison en France, il peut y vivre sans autorisation de la préfecture, ou celle-ci devient automatique. On ne refuse plus à M. X, parce qu'il est allemand ou hollandais, de s'établir dans tel village français sous prétexte qu'à trois kilomètres du village l'armée a construit un fort, et que M. X pourrait communiquer des informations militaires aux services secrets de son pays.

Voici la deuxième étape : les biens et les produits étrangers deviennent aussi accessibles que les produits nationaux ; les hommes et les femmes peuvent s'établir où ils veulent pour faire des études, pour se soigner, pour prendre leur retraite. On a vu des dizaines de milliers de Hollandais ou de Britanniques s'installer dans les campagnes françaises, des Britanniques dans le sud de l'Espagne, des Allemands dans le sud du Portugal… Cela nous paraît tout à fait normal ; il y a cinquante ans, nous l'aurions vécu comme une invasion, une agression, un danger.

Les architectes, les artistes concourent dans les autres pays : une vraie dilatation de notre espace. On commence des études à Grenoble et on les termine à Louvain ou à Milan. Bien sûr, on n'a pas encore résolu le problème de l'équivalence des diplômes, qui gêne le libre établissement ou les inscriptions. Les empêchements viennent surtout de la France. À partir de la crise de 1929, elle a raffiné un système incroyable de protection des professions libérales, des corporations et des positions, avec des examens, des autorisations, des statuts. Mais si un Belge ne parvient pas à ouvrir une pharmacie en France, ou à construire un cinéma, ce n'est pas par discrimination : un Français sera tout autant encadré de procédures administratives.

La pression européenne sera forte ; en cherchant à unifier, elle pousse à la simplification, elle tend à supprimer les systèmes d'autorisation administrative. Déjà, nous n'avons plus besoin de passeport pour voyager dans les pays signataires de l'accord Schengen, c'est-à-dire en gros dans l'Europe continentale jusqu'aux pays Baltes.

La troisième étape, nous la vivons aujourd'hui : celle de l'euro. La monnaie unique nous donne une telle liberté. Le change demeure le dernier obstacle pour passer en Belgique, en Allemagne, en Espagne, en Italie… On voit à peine les frontières, mais les monnaies font la différence et le change coûte cher.

En 1983, après les fantaisies économiques de M. Mitterrand, le ministère des Finances a encore dû établir un carnet de change : une photo, des tampons, le visa de la banque, et une petite allocation de devises qu'on faisait renouveler avec peine. J'entendais des discussions du genre : « Ah non ! je ne vais pas pouvoir aller en Italie cet été ; j'ai épuisé mon allocation en Finlande au mois de juin. » 1983, trois ans avant ta naissance, tu te rends compte !

L'euro rend ces archaïsmes impossibles. Toutes les opérations sont désormais accessibles dans chacun des onze pays. En 2002, tu pourras acheter un journal à Francfort ou à Venise avec les pièces que t'aura rendues ton boucher parisien. Cet argent que nous avons toujours au fond de notre poche va créer un sentiment de communauté et d'émancipation sans égal. Comme le disait Dostoïevski, souvent cité par mon professeur d'économie politique à Sciences Po, Raymond Barre, « la monnaie, c'est la liberté frappée ».

En France l'année dernière, les partisans de l'Europe ont gagné huit points [1]. Exceptionnel si l'on sait que le sentiment favorable à l'Union croît en général d'un demi ou d'un pour cent par an. Que s'était-il passé ? Peut-être simplement la

1. D'après le sondage habituel du ministère français des Affaires européennes.

démonstration de l'efficacité de l'euro, même avant sa naissance, dans son rôle de protection de nos économies.

Tu as remarqué qu'en 1998 le monde a subi une grave crise monétaire. Les nations asiatiques étaient déjà vivement secouées quand au mois d'août les Russes ont cessé de rembourser leurs dettes et dévalué le rouble. Partout les monnaies ont valsé, en quelques jours le dollar est passé de 6,20 francs à 5,50 ; le yen a plongé, le shekel israélien a perdu trente pour cent... Seule l'Europe n'a pas bougé. Évidemment, grâce à l'euro.

Les parités étant déjà fixes entre les monnaies européennes, les spéculateurs internationaux n'ont pas joué le mark contre le franc comme ils le faisaient auparavant. Pourquoi ? Parce que pour les marchés le franc et le mark, c'était déjà la même chose. D'où cette stabilité. Les autres monnaies européennes ont suivi. Un exemple frappant : la Finlande. Ce pays est le plus proche de la Russie, il a même une frontière commune avec elle, il demeure un fournisseur important du marché russe, et pourtant le mark finlandais est resté stable. Dans le même temps les autres pays scandinaves, qui n'appartiennent pas à la zone euro, ont eu de sérieux ennuis : ils ont dû monter leurs taux d'intérêt pour défendre leurs monnaies, ce qui ralentit l'activité économique et favorise le chômage. Les onze de l'euro, eux, non seulement n'ont pas songé à monter leurs taux, mais ils les ont baissés, Finlandais compris.

Les opinions publiques ont compris à ce moment le bénéfice immédiat et concret qu'on pouvait retirer de l'euro.

Une remarque : on croit que l'euro n'est pas vraiment arrivé parce qu'on n'en possède pas encore les billets et les pièces. Bien sûr, le choc psychologique sera de les toucher, de rendre les vieux francs à la banque, d'être sans retour contraint aux multiplications et aux divisions avant de compter directement en euro. Mais si l'on prend la masse monétaire en France — c'est-à-dire l'ensemble des moyens de paiement —, cela représente quatre mille milliards de francs. Les pièces et les billets, deux cents milliards : une part infime, mais la part la plus visible. En réalité, 95 % des paiements se font avec des chèques, des cartes bleues, des virements et là, francs ou euros, c'est déjà pareil. On croit payer en francs, on paye déjà en monnaie unique depuis le 4 janvier 1999.

Je te disais : quelle liberté ! L'euro va en effet soigner quelques vices qui ne se développent qu'avec une monnaie nationale. Prends les assurances-vie. Tu t'en fiches, mais je paie pour toi. Eh bien en France, les marges que prennent les compagnies d'assurances sont vingt fois plus élevées qu'aux Pays-Bas. Les Pays-Bas, deux heures et demie de TGV. Les Hollandais vont forcément venir proposer leurs contrats en France. On peut déjà acheter des Renault, des Peugeot moins cher en Belgique ou aux Pays-Bas, ce qui contribue à faire baisser les prix. Des exemples de ce genre, nous en aurons des dizaines, qui parfois jouent en faveur des entreprises françaises.

Autrefois, la France elle-même n'avait pas de monnaie unique sur son propre territoire. Dans beaucoup de grandes villes, on admire l'architecture de l'Hôtel des monnaies sans réfléchir davantage. Mais c'était là où l'on battait des pièces, différentes de celles de la ville voisine. Il y avait la livre parisis et la livre tournois, qui n'étaient pas de même valeur. Nos pays se sont développés quand ils ont su centraliser l'émission de la monnaie. Maintenant, à l'échelle des grands ensembles continentaux, c'est au tour de l'Europe. L'euro ne résoudra pas tous les problèmes, le chômage, les distorsions entre les régions ; il peut aggraver certains décalages d'un pays à l'autre. Il va nous contraindre à harmoniser nos politiques économiques et fiscales, chantiers complexes. Pourtant, nous avons déjà réussi des réformes indispensables qu'on jugeait impossibles.

D'abord l'inflation, cette hausse perpétuelle des prix, maladie française réputée incurable. Il existait des théories psychologiques ou sociologiques de l'inflation. On expliquait même que l'inflation était la traduction monétaire de la lutte des classes. Finalement, la France a appliqué la recette internationale de lutte contre l'inflation : une politique monétaire. Elle a réussi, mais seule, elle n'y serait jamais parvenue. Il fallait qu'elle appartienne à un ensemble, et qu'elle s'aperçoive qu'elle était parmi les derniers à supporter pareilles hausses de prix. Les Italiens s'y sont mis plus tard encore, et ils sont parvenus aux mêmes résultats.

Ensuite il y eut la réforme de la Banque centrale. Depuis sa nationalisation, en 1936 par le Front populaire, l'État fixait les taux d'intérêt. La France a découvert que les autres pays agissaient différemment, l'Europe l'a entraînée à donner son indépendance à la Banque, puis à confier la monnaie unique à la Banque centrale européenne, elle aussi indépendante. Le ministère des Finances a perdu sa capacité d'intervention et la France a aujourd'hui les taux d'intérêt les plus bas qu'elle ait jamais connus, ce qui sert l'investissement, donc la décrue du chômage. Et le logement : les ménages peuvent acheter leur appartement ou leur maison en empruntant à 5 ou 5,5 %, — inimaginable il y a quelques années.

On nous avait pourtant expliqué l'inverse. De bons économistes s'étaient persuadés que si l'État perdait ses privilèges, la spéculation et l'injustice emporteraient tout et que les pauvres gens n'auraient plus accès au logement.

Reste un troisième secteur où la France résiste encore : le marché du travail. Là aussi nos bons économistes assurent que si l'on réforme l'État-providence, si l'on choisit une politique plus flexible de l'emploi, moins réglementée, nous courons à l'horreur : tous au chômage et une envahissante misère. Je remarque que pour le moment le chômage et la misère, nous les subissons déjà.

La Grande-Bretagne, les États-Unis ont mené une politique flexible de l'emploi : ils ont un taux de chômage inférieur de plus de la moitié au nôtre, alors que nous conservons la plus grande proportion de fonctionnaires et d'agents des services publics à l'emploi garanti.

La France découvre aussi la flexibilité. Paradoxe : à travers les trente-cinq heures. L'opinion finira bien par découvrir que ses voisins agissent autrement et parfois mieux. Il y a peu, on décrivait encore la Grande-Bretagne comme un pays d'une brutalité extrême, une abomination sociale. Désormais on insiste moins : par dizaines de milliers, des jeunes Français partent en Angleterre, trouvent en huit jours des petits boulots qu'ils n'auraient jamais eus ou acceptés en France. Ils bossent, ils s'instruisent, et le racontent.

La France a besoin de l'Europe pour se réformer. Aucun homme politique n'ose l'avouer à haute voix, mais les plus lucides le pensent très fort.

Ce que les dirigeants français craignent d'assumer, ils le mettent sur le dos de l'Europe. Ils ont peur de l'impopularité : ils accusent Bruxelles, comme s'ils devaient se soumettre, comme si ce n'était pas de leur fait. N'oublie pas que les politiques communes sont négociées et décidées par les gouvernements. On va jusqu'à charger l'Europe d'être responsable du déficit de la Sécurité sociale et des remèdes qu'il exige, alors que vraiment elle n'y est pour rien.

Oui, il est malhonnête de se cacher derrière l'Europe. Mais si par là on obtient des réformes au moindre coût, et avec l'aide de l'Union, pourquoi s'en priver ?

Le bon côté de cette harmonisation entre les différents pays, c'est que l'alignement se fait toujours par le haut. Les pays les plus pauvres — l'Irlande ou le Portugal — sont ceux qui en profitent le plus. Au passage du siècle, l'obsession commune demeure le chômage. Poussée par la France, l'Europe sera-t-elle capable de démontrer son utilité ? On compare et on chiffre déjà les plans nationaux pour l'emploi, c'est un début. Les syndicats européens se coordonnent. Les opinions publiques en demandent davantage.

J'en viens à la grande affaire qui a chamboulé les populations, les paysages, et beaucoup amélioré la balance des paiements française : l'agriculture.

Au début des années cinquante, le pays était à peine autosuffisant : on courait encore derrière le lait et les œufs. Aujourd'hui la France est le deuxième exportateur mondial après les États-Unis, elle se retrouve même en tête les bonnes années.

Je ne vais pas te décrire les mécanismes complexes de la politique agricole commune, dite PAC, ni les négociations, les ruptures, les compromis qui marquèrent sa naissance comme sa pérennité. Sache que l'Europe a subventionné les transformations et le développement des campagnes en soutenant les prix. Car, tu t'en doutes, nous produisons à des coûts très supérieurs à ceux du marché mondial et nos produits seraient invendables s'ils étaient directement confrontés à la concurrence internationale.

L'Europe a sauvé l'agriculture française.

Je suis toujours surprise devant les réactions anti-européennes de bien des paysans français, souvent les plus modestes manipulés par les gros céréaliers et leurs lobbies. La dépopulation des campagnes est bien antérieure à la politique agricole commune. Passé les pénuries de l'immédiat après-guerre, dès 1954, cent cinquante mille paysans quittent la terre tous les ans. L'Europe n'en est pas responsable, puisqu'elle n'existait pas. C'est le tracteur et les engrais : la mécanisation et la chimie réduisent le nombre des hommes nécessaires, elles exigent le remembrement des terres, supposent l'investissement et l'endettement ; elles condamnent les petites exploitations. La France était peuplée de paysans propriétaires, deux ou trois hectares, une vache, une chèvre. Avec ou sans Europe ceux-là n'auraient pas survécu à la modernisation. Le mouvement a été plus fort en France : les agriculteurs y étaient plus nombreux qu'ailleurs.

À partir de 1962 les interventions de la PAC ont permis le maintien ou la création d'un grand nombre d'exploitations, soit en soutenant les prix minimum garantis aux agriculteurs, soit en empêchant que les produits d'origine extra-communautaires puissent être écoulés à des prix inférieurs.

Cette politique eut bien des inconvénients, et d'abord son succès : une énorme surproduction. La

Communauté a racheté au prix fort des « montagnes de beurre », des « océans de vin » avant de les exporter à perte, de les donner ou de les détruire. Les silos étaient pleins et le stockage coûtait des fortunes. C'est pourquoi les aides tendent désormais à soutenir davantage l'agriculteur — aides à l'hectare — que les prix.

La France a été la grande bénéficiaire de la PAC : si l'on fait la comparaison entre ce qu'elle verse au budget de l'Union et ce qu'elle en touche par le biais des aides, agricoles ou autres, on s'aperçoit qu'à peu près elle ne perd ni ne gagne, — c'est-à-dire, vu l'intérêt du marché unique, qu'elle y gagne beaucoup. Les Allemands ont été jusqu'ici les gros payeurs. Aujourd'hui ils rechignent. Les Britanniques, qui n'ont pas de problème paysan, ne contribuent qu'au minimum, sur dérogation.

Ce n'est pas tout : par un mécanisme financier dit des « fonds structurels », l'Union encourage directement le développement des régions défavorisées de l'Europe : le Sud de l'Italie, le Nord de la France, la Corse, la Grèce, et le Portugal qui a le mieux utilisé la dynamique communautaire…

Comment maintenir tout cela en état si l'Union s'ouvre aux pays plus agricoles et moins avancés d'Europe centrale ? Dans l'Agenda 2000, le programme de l'Europe, il est convenu de renégocier l'ensemble — terrible besogne —, de baisser encore les prix et d'augmenter les aides directes. Voici venir une deuxième révolution agricole : l'abandon d'une culture productiviste à tout va au profit d'une culture et d'un élevage de qualité plus respectueux de l'environnement.

Sous la pression des producteurs américains, et dans le contexte mondial, aucun pays n'y parviendrait seul, et surtout pas la France.

8

COMMENT FONCTIONNE L'UNION EUROPÉENNE

Tu m'as demandé l'autre jour, cher Alexandre, comment fonctionnait l'Europe à Bruxelles. Et puis tu t'es repris : trop embrouillé, trop ennuyeux, as-tu pensé, je ne vais rien comprendre. Ta réaction relève d'un sentiment courant. L'Europe n'a pas fait grand effort pour expliquer simplement aux citoyens ses modes d'activité. Voilà pourquoi on la prend, à tort, pour une bureaucratie lointaine, anonyme, parfois hostile, et qu'on est très surpris quand la Commission de Bruxelles démissionne sous la pression du Parlement européen.

En réalité, dans les principes ce n'est pas très compliqué. Un peu d'attention, s'il te plaît.

L'Union européenne repose sur trois piliers institutionnels : le Conseil des ministres, la Commission et le Parlement.

On peut ajouter la Cour de justice européenne, dont tu conçois bien l'utilité : faire respecter les directives communautaires par les États indociles, comme la France qui veut continuer à exterminer les ortolans malgré les résolutions de Bruxelles.

D'abord, le *Conseil des ministres*, ou *Conseil de l'Union*. On devrait dire les conseils, puisque la composition varie selon les sujets traités : réunion des quinze ministres de l'Économie et des Finances pour les problèmes économiques et financiers, de l'Agriculture pour les problèmes agricoles, de la Pêche, de l'Environnement, des Transports, de la Culture, etc. Le Conseil qui a pris le plus d'importance au fil des années est le Conseil des ministres de l'Économie et des Finances. Normal, avec le développement du marché unique puis de l'Union économique et monétaire. Aujourd'hui, le ministre français passe les deux tiers de son temps à traiter des affaires communautaires et internationales.

Le Conseil se réunit environ une fois par mois, en fonction de l'actualité. C'est lui qui prend les décisions finales au nom de l'Union européenne. Au nom des États aussi, puisque par la voix de leurs ministres ceux-là tranchent en dernière instance. Longtemps, les décisions se sont prises à l'unanimité. À quinze, pour éviter les blocages et manifester une volonté politique d'union, on recourt davantage à la majorité qualifiée : dans notre cas, il faut presque une majorité des trois quarts pour contraindre une minorité.

Chaque État membre exerce à tour de rôle pendant six mois la présidence du Conseil de l'Union. À l'origine, c'était une distinction honorifique. Aujourd'hui la vocation du Conseil est plus importante, ses compétences plus larges ; celles de la présidence en sont accrues d'autant. L'État qui préside est censé assurer la cohérence et la continuité de la construction européenne, accélérer les débats, négocier un accord en cas de discussion entre deux ou plusieurs pays.

Deuxième institution : la *Commission européenne*, qui a fait la une de tous les journaux du continent lors de sa spectaculaire démission de mars 1999. D'abord, comment est-elle nommée ? Par chaque État. Les grands pays — France, Allemagne, Grande-Bretagne, Italie — ont droit à deux commissaires, et les petits à un seul. Il y a au total vingt commissaires théoriquement en place pour cinq ans.

La Commission a un pouvoir de proposition, mais elle doit avant tout mettre en pratique la politique décidée par le Conseil des ministres. Elle est également gardienne des traités : elle déclenche des poursuites judiciaires contre les États qui ne les respecteraient pas.

Son président est nommé pour cinq ans par les chefs d'État et de gouvernement des Quinze. Il a lui-même rang de chef d'État dans la communauté internationale : ainsi l'imposent le protocole et les pouvoirs qu'il exerce. Pour nous tous, comme pour l'étranger, c'est l'Européen le plus visible. Tu te souviens de Jacques Delors ?... Mais si, ce monsieur aux yeux myosotis, un peu triste, qui avait refusé d'être candidat à la présidence de la République en France alors qu'il avait des sondages épatants. Eh bien, Jacques Delors a été pendant dix ans un formidable président de la Commission européenne. Il a été remplacé par le Luxembourgeois Jacques Santer, choisi par les gouvernements de l'époque pour sa fadeur et un esprit de conciliation qu'on lui reprocha par la suite. L'italien Romano Prodi, plus énergique, assura la relève.

Les commissaires et leur président incarnent l'Europe : ils doivent oublier leur patrie d'origine et ne servir que les intérêts de l'Union. On a d'ailleurs vu Jacques Delors soutenir des positions contestées par la France, — cela ne l'a pas fait changer d'avis pour autant. La Commission n'est pas juridiquement responsable, mais elle l'est politiquement comme sa démission de mars 1999 l'a démontré.

Troisième institution : le *Parlement européen*. Au début, ses députés étaient choisis au sein des parlements nationaux. Depuis 1979, ils sont élus pour cinq ans au suffrage universel dans chacun des quinze pays, 626 au total, ce qui leur confère une autorité bien supérieure. Leur nombre a crû au fur et à mesure que l'Union s'ouvrait à d'autres États, puisqu'il y a dix ans ils n'étaient que 410. Quoi qu'il arrive, il ne pourra dépasser l'effectif de 700 : ainsi en ont décidé les États au sommet d'Amsterdam (1997).

Problème : la différence des modes de scrutin selon les traditions nationales. La Grande-Bretagne par exemple hésite à adopter le scrutin proportionnel que pratiquent la plupart des autres pays.

Le Parlement européen contrôle le budget de l'Union proposé par la Commission. Depuis 1975, il peut même le rejeter. Il contrôle également la politique de la Commission et peut éventuellement — à la majorité des deux tiers — la contraindre à démissionner. Les députés l'en ont menacé lors d'une récente affaire de détournements de fonds et de fraudes. La Commission présidée par Jacques Santer en a été fort ébranlée. Un comité des Sages ayant réitéré les accusations sur le mauvais fonctionnement de l'institution, elle a préféré démissionner préventivement en bloc pour éviter que le Parlement la renverse formellement par un vote de défiance. L'événement fut spectaculaire, et dans un premier temps réjouit fort les eurosceptiques de France et d'ailleurs. Réaction cocasse lorsqu'on sait que ces hommes acceptent chez eux, dans leurs partis ou leurs conseils généraux, des malversations plus graves et souvent impunies.

Cela dit, l'affaire est sérieuse, crise de confiance et crise de croissance : celles d'une administration communautaire trop peu nombreuse — quoi qu'en disent ses détracteurs — pour les tâches de plus en plus lourdes qu'elle assure au fil des traités ; celles d'un exécutif qui n'en est pas tout à fait un, multinational, et dont les pratiques administratives sont mal codifiées. Mais avant tout celles d'une institution jugée à l'aune d'un moralisme scandinave et germanique bien éloigné du cynisme français. Voilà la grande erreur d'Édith Cresson : elle n'a pas compris que les mœurs politiques illustrées à leur façon par des Roland Dumas et des Jean Tibéri ne sont pas de mise en Europe.

Mais sur le fond, tu avoueras qu'une commission responsable devant un parlement souverain, ce n'est pas si mal pour un système dont on dénonce souvent le vide démocratique, et qu'une franche démission vaut mieux que ces courses poursuites interminables avec la justice que nous connaissons ailleurs.

À terme, cet exemplaire sursaut de morale sera bénéfique s'il renforce et définit plus nettement tant les pouvoirs du Parlement que ceux de la Commission.

Dans sa pratique ordinaire, le Parlement pose essentiellement des questions orales ou écrites au Conseil ou à la Commission ; il a un pouvoir d'amendement. Mais depuis les traités de Maastrich (1992) et d'Amsterdam (1997), les nouveaux commissaires européens et leur président doivent obtenir la confiance des députés, qui l'accordent ou la refusent par un vote.

Enfin, dans de nombreux domaines, le Parlement partage désormais le pouvoir de décision avec le Conseil des ministres : la libre circulation des travailleurs, la liberté d'établissement, le marché intérieur, la recherche, l'environnement, la protection des consommateurs, etc.

Par définition, les députés sont plus proches des citoyens, plus attentifs aux droits des individus. Ils nomment le médiateur, l'homme qui reçoit et traite les plaintes des administrés mécontents.

Le Parlement européen siège à Strasbourg, donc en France, pour ses sessions plénières. Il passe l'essentiel de son temps à Bruxelles, où travaillent ses commissions. Dommage qu'en dépit des assurances répétées tous les cinq ans en campagne électorale les députés français soient avec les Italiens les moins assidus. Le secrétaire général du Parlement et ses services sont installés à Luxembourg. Quel déménagement de secrétaires et de cartons ! Cette dispersion et les nombreux allers et retours qu'elle implique sont plus pénibles pour les élus que pour leurs électeurs, qui n'en pâtissent guère.

La cohérence des institutions européennes repose sur un équilibre entre les trois pouvoirs. Le Conseil représente les États membres et décide au final. La Commission propose et gère : elle doit exprimer l'intérêt communautaire pris dans son ensemble. Le Parlement contrôle, et il aura de plus en plus tendance à contrôler ; c'est la logique de tous les parlements depuis que la Grande-Bretagne au XVIIIe siècle a réinventé la démocratie représentative.

Prends le budget. Rien de plus important : l'argent de l'Union européenne équivaut à presque 600 milliards de francs, environ 100 milliards d'euro. À titre de comparaison, le budget français se monte à

1 600 milliards de francs, soit 320 milliards d'euro. Le budget européen doit être à la fois adopté par le Conseil des ministres et voté par le Parlement. Comme ceux-ci ont en l'occurrence des pouvoirs égaux, ils doivent se mettre d'accord. Cela n'a pas toujours été le cas. Plusieurs fois, on a dû reconduire le budget de l'année précédente, et renoncer aux nouvelles dépenses, parce que le Conseil et les élus n'avaient pas su trouver un compromis. L'Union a ainsi fonctionné quelquefois sans le budget proposé, sauf sur un point, la dépense agricole. Pourquoi ? Parce qu'en matière d'agriculture les dépenses sont obligatoires, qu'il s'agit d'un compromis passé entre les États les plus agricoles, comme la France, et les autres. L'équilibre est fragile et l'on craint d'y toucher. Mais le Parlement n'acceptera pas indéfiniment d'être tenu à l'écart sur un sujet aussi fondamental.

Un autre exemple ? Le Crédit Lyonnais. Tu as entendu raconter que le Crédit Lyonnais, banque française nationalisée, a mené il y a quelques années une politique de dépenses et d'investissements délirants, jusqu'à trébucher sur une dette considérable, près de 100 milliards de francs. Certains vont jusqu'à évoquer 240 milliards, tout compris.

Le gouvernement français ne pouvait laisser une banque nationale tomber dans la faillite. Tu imagines les déposants affolés, les épargnants spoliés, les entreprises étranglées, la panique, le krach, le déshonneur. L'État a donc décidé de renflouer la banque malade. Seulement, il existe des règles européennes qui définissent la concurrence : il est interdit de trop aider une banque au détriment des autres. Celles-là peuvent saisir la Commission, plus ou moins discrètement, à l'aide d'une cohorte d'avocats. La Commission, elle, a pour rôle de faire respecter les traités qui, en effet, réglementent les aides d'État. Sauver une entreprise dans des conditions définies, oui, désavantager les concurrents, certainement pas, surtout si l'intervention de l'État concerné a des répercussions sur le système bancaire européen. Voilà pourquoi Bruxelles a fixé des limites au sauvetage du Crédit Lyonnais. Il ne s'agissait pas d'imposer un libéralisme maniaque, mais de ne pas défavoriser le reste du système bancaire européen.

S'il y a infraction, la Cour de justice peut imposer le remboursement des aides indues ; elle peut aussi infliger des amendes en cas d'ententes illicites. En janvier 1998, la firme Volkswagen a été condamnée à une amende équivalente à 102 millions d'euro, soit quelque 670 millions de francs, pour « abus de position dominante ».

La Cour ne statue pas seulement sur les problèmes que lèvent des États ou des sociétés par leurs infractions, mais le plus souvent sur les questions qui opposent une institution européenne à une autre institution européenne. La Commisson attaque le Conseil des ministres devant la Cour, et vice versa. Le Parlement fait très souvent assigner la Commission. On sait moins qu'un simple citoyen peut lui aussi saisir la Cour contre son propre État, s'il estime ses droits lésés.

Ainsi se forme peu à peu une jurisprudence européenne, déterminante pour l'avenir, et qui l'emporte sur les différents droits nationaux. Ces arrêts servent l'intégration, même si, comme je te l'ai dit, l'Europe est partagée par tradition entre pays de droit romain et pays de droit anglo-saxon, c'est-à-dire des législations souvent contradictoires.

L'Union européenne évolue par l'interprétation constante des traités successifs.

Dernière instance, au début informelle, ensuite institutionnalisée par le traité de Maastricht : le Conseil européen, qui réunit deux fois par an, et plus si nécessaire, les chefs d'État et de gouvernement. Pourquoi chef d'État et de gouvernement ? Parce que la France a une Constitution particulière. Son chef de l'État, le président de la République, exerce un énorme pouvoir, sauf en cas de cohabitation, où il est obligé de le partager avec son Premier ministre. Le président français assiste donc au Conseil européen avec son chef de gouvernement. Note que la double présence de MM. Mitterrand et Chirac, puis Mitterrand et Balladur, puis Chirac et Jospin n'a jamais provoqué de drame, ce qui est intéressant ; droite et gauche, la France parle d'une seule voix, selon l'expression consacrée. Dans les autres pays, ce sont les Premiers ministres et eux seuls qui gouvernent. Point n'est besoin d'aller chercher la reine d'Angleterre ou le président allemand.

Ces réunions — Valéry Giscard d'Estaing, alors président de la République française, en eut l'initiative — sont essentielles. Juridiquement, il n'en sort aucune règle. Politiquement, leur rôle est considérable : au sommet, elles décident des nouvelles étapes.

Voilà, tu as fait un tour rapide et presque complet du paysage institutionnel.

Ce n'était pas si terrible, et pas plus compliqué que les institutions françaises de la Ve République ou que la Constitution non écrite du Royaume-Uni. Je répète encore une fois ? Au Conseil des ministres les décisions, à la Commission les propositions et la gestion, au Parlement le contrôle, à la Cour de justice les punitions.

Où est la bureaucratie ? Bien sûr elle existe, et elle produit des tonnes de papier. Mais elle n'est pas si considérable. Les dépenses d'administration représentent 5 % du budget total. L'Union emploie environ 40 000 fonctionnaires (dont les traducteurs pour les 11 langues concernées). En tout, cela représente 5 fonctionnaires pour 100 000 habitants, alors qu'en moyenne un pays européen emploie 2 300 fonctionnaires pour 100 000 habitants. La crise du printemps 1999 a même illustré un grave défaut du système : faute d'une administration suffisamment nombreuse, Bruxelles a sous-traité une part du travail à des sociétés privées, gestionnaires de fait d'argent public communautaire.

Les fonctionnaires européens paient un impôt sur le revenu, retenu à la source et reversé au budget de l'Union. Je dis cela parce que le général de Gaulle, quand il s'agaçait de l'Europe et de Bruxelles, s'exclamait régulièrement : « Et en plus ces gens-là ne paient pas d'impôts ! » Ce n'est plus vrai, mais ça n'aurait pas calmé le général de Gaulle.

L'appareillage bureaucratique a ses ratés, ses lourdeurs, il est indispensable. Et que sont ces inconvénients face à la perspective ouverte par le traité de Maastrich : la récente décision de créer une citoyenneté européenne ? « Seront citoyens de l'Union tous ceux qui ont la citoyenneté d'un État membre. » Citoyen de l'Europe, c'est un joli titre et, comme tu as pu le comprendre, sur vingt siècles d'histoire c'est un titre rare.

Demain, l'Europe va s'élargir encore : tel fut constamment son propos, de six membres à quinze. Sa force d'attraction s'accroît, multipliée par l'euro. Depuis la chute du mur de Berlin les pays de l'ancien bloc de l'Est, que nous avions bien délaissés, veulent y adhérer. Encore faut-il qu'ils remplissent certaines conditions afin d'intégrer l'Union sans la déséquilibrer. L'Allemagne fédérale s'est unie d'un coup à l'Allemagne de l'Est ; l'épreuve fut chère et lourde, le retard économique de l'ex-République démocratique allemande continue de peser. Pas question de renouveler une expérience aussi brutale avec d'autres pays.

Du coup on se prépare et on négocie. Ce ne sera pas simple.

L'Union a déjà sélectionné les six premiers candidats : Hongrie, Pologne, République tchèque, Estonie, Slovénie et Chypre. Leur produit intérieur brut est inférieur de moitié à celui des pays de l'Union, leur endettement sensible, leurs monnaies souvent instables ; leurs productions agricoles, moins chères que les nôtres, inquiètent : va-t-on subventionner des pays pour qu'ils nous fassent concurrence ? Bref, on discute toujours. Les pays concernés se réforment difficilement pour rapprocher leurs économies et leurs organisations de la moyenne européenne. Il n'y aura probablement pas d'adhésion véritable avant le 1er janvier 2003. Les plus raisonnables pensent plutôt à 2006 ou 2007. L'Union s'ouvre avec une prudente générosité.

Mais l'adhésion pose un autre problème : le fonctionnement de nos institutions. Ce qui était concevable dans l'Europe des Six ou des Neuf est déjà plus malaisé dans l'Europe des Quinze. Imagine comme il est compliqué de passer du finnois au grec, de l'espagnol au danois. Qu'est-ce que ce sera quand il faudra y ajouter le hongrois ou le polonais ? Comment s'en sortir à vingt et un, et plus tard à trente ? L'Union a essayé de résoudre le problème avec le traité d'Amsterdam (1997), que la France a eu un peu de mal à ratifier. Mais Amsterdam, pas plus que Maastrich, ne réglera la question des institutions : les réformes les plus sensibles ont été renvoyées à plus tard, et d'abord le rééquilibrage des voix de chaque pays au sein du Conseil des ministres et la limitation du nombre des commissaires.

Le traité représente cependant un réel progrès sur la voie de l'intégration.

Premièrement, il favorise la libre circulation des personnes ainsi que la coopération judiciaire et policière. Dans cinq ans, si les États en décident ainsi, les mesures relatives aux visas, au droit d'asile, à l'immigration pourront être prises à la majorité qualifiée.

Deuxièmement, il encourage le développement d'une politique étrangère commune. On a vu combien l'Europe restait divisée ou timide sur l'ancienne Yougoslavie, sur l'Irak, sur les affaires africaines, face aux États-Unis. Il y a là urgence, et le traité prévoit l'installation d'un monsieur ou d'une madame Politique étrangère, qui devrait représenter la diplomatie européenne dans les rencontres internationales. Ce sera sans doute l'une des avancées les plus périlleuses, tant les États, les ministres, les administrations restent convaincus de la supériorité de la diplomatie à l'ancienne. Pourtant depuis un demi-siècle — l'existence de l'Union européenne l'atteste —, l'économie compte davantage : le commissaire en charge de la Concurrence a déjà plus de poids que beaucoup de ses collègues responsables de secteurs traditionnels.

Troisièmement, le traité sert la défense de l'environnement, la cohérence des politiques de la santé. Il donne à l'Union le pouvoir de sanctionner l'un de ses membres qui violerait les droits de l'Homme.

Quatrièmement, et après bien des efforts, il comporte un chapitre Emploi. Cela signifie une coordination des politiques de lutte contre le chômage, un pas vers l'Europe sociale. Celle-ci n'est pas réalisée, mais elle est en route. L'euro devrait constituer là aussi un facteur d'accélération et de complication.

Puisqu'il faut rediscuter de tant de choses, du mode de financement à la procédure des décisions, des affaires sociales et du chômage, de la réforme de la politique agricole comme de l'élargissement de l'Union, la Commission a établi un projet, voté par le Parlement européen. Il porte un titre qui en marque l'urgence : Agenda 2000. L'Europe est un vaste chantier, avec des avancées formidables et des stagnations fâcheuses.

9

LES GROGNONS

Comment peut-on être contre l'Europe ? Cela m'a toujours semblé une manière de lutter contre soi-même, de nier les évidences, d'oublier les dérèglements tragiques de notre longue histoire. Tu entends pourtant, aujourd'hui encore, toutes sortes de gens manifester une animosité tenace vis-à-vis de l'Union européenne, lui prêter maléfices et complots, lui préférer un idéal national fondé sur un passé embelli et recomposé qu'ils auraient bien du mal à situer dans le temps. Si l'on est mécontent de son bistrot, de son chocolat, de son supermarché, de ses voisins, de ses impôts, on en chargera l'Europe : une façon de refuser les évolutions qui déplaisent, de se déclarer irresponsable, d'exhaler une méfiance des autres et une crainte de l'avenir qu'il ne ferait pas bon avouer autrement.

Bien sûr, il faut distinguer entre les anti-européens. En tête, tu trouveras les fascistes. Ceux-là ont l'habitude de vomir l'étranger, d'exalter une France mythique et purifiée où seuls les nationaux de souche auraient des droits et des devoirs, — d'ailleurs plus de devoirs que de droits. Comme si le peuple de France, plus encore que les autres, n'était pas le fruit des mélanges, des brassages et des immigrations successifs. Pour une part, ces nationalistes enragés ont été européens en 1940, c'est-à-dire pro-nazis, quand la France était écrasée par l'Allemagne. Aujourd'hui l'Allemagne est une démocratie : ils la rejettent avec horreur. Il n'y a pas de logique, simplement une vive passion pour les régimes autoritaires et beaucoup de haine de la liberté. Nationalisme et fantasmagories néo-nazies : on retrouve ces sentiments, hélas, chez les plus jeunes.

Les démagogues qui s'accrochent aujourd'hui à la France seule ressemblent à ceux qui se battaient contre la France pour une Bourgogne indépendante. Ils sont d'ailleurs toujours pour l'autonomie des provinces : dans le même temps qu'ils veulent conserver la France, ils rêvent de la découper.

Laissons les fascistes à leurs misérables et contradictoires ruminations.

À l'autre extrême, les communistes. Ils furent contre l'Europe pendant un demi-siècle parce que le Marché commun renforçait nos pays face à la menace soviétique. Malgré des cris nationalistes, ces staliniens n'avaient guère d'autre motif : l'URSS s'opposait, ils soutenaient l'URSS. Le camp socialiste a disparu en 1989 et l'URSS elle-même trois ans plus tard. Mais les communistes français — à l'inverse des italiens — ont l'esprit conservateur. La source de leurs positions anti-européennes s'est tarie, ils demeurent pour beaucoup anti-européens par habitude, sans bien savoir expliquer pourquoi. Leurs dirigeants évoluent, poussés par la gauche plurielle, mais l'avouent avec prudence par peur des militants les plus sectaires. Leur électorat se rallie lentement : une majorité des sympathisants communistes considère désormais que l'euro est une chance pour l'économie française[1]. Avec 9 ou 10 % des voix, parfois moins, le PC n'est plus un obstacle. Aujourd'hui, à entendre Robert Hue, il a cessé de condamner le marché et s'affirme même pour l'Europe.

Restent les anti-européens respectables. Ils empruntent d'autres discours et drainent une part non négligeable de l'opinion. En général, ils ne se déclarent pas contre l'Europe, mais contre ses objectifs et ses méthodes. Hostiles aux réalités, ils parlent d'une autre Europe qui a l'immense avantage d'être parfaite puisqu'elle n'existe pas. Ils décrivent Bruxelles comme un repaire d'eurocrates malfaisants, privés de sentiment, d'humanité et de bon sens, qui par caprice

1. Selon un sondage IPSOS réalisé pour *L'Européen* les 24 et 25 avril 1998 auprès d'un échantillon représentatif de 945 personnes âgées de 18 ans et plus (par téléphone, méthode des quotas).

se livreraient à des débauches de réglementations ineptes. Ces fonctionnaires en nombre infini régenteraient des administrations tentaculaires, gagneraient d'extravagants salaires et auraient pour principale obsession de s'en prendre aux intérêts français de préférence à tous les autres. De là une série de rumeurs, d'idées reçues, d'affirmations jamais vérifiées, de chiffres imaginaires. Pour rire et pour argumenter, la Commission européenne en publie régulièrement des recueils. Voici quelques histoires.

« *La Commission européenne légifère sur n'importe quoi, et s'amuse à réglementer la forme des concombres.* » D'abord la Commission ne légifère pas, elle émet des propositions que les ministres des États membres, réunis en Conseil, acceptent ou refusent. Quant aux concombres, ils sont effectivement classés en diverses catégories, les droits, les courbes : ainsi le veulent les organisations professionnelles, et Bruxelles n'y est pour rien.

« *La Commission a voulu interdire le port des sabots dans les fermes.* » Il existe bien une directive sur la sécurité des équipements pour les travailleurs agricoles. Point de sabots là-dedans. De toute façon, les paysans ne portent plus de sabots depuis longtemps : ça fait trop mal aux pieds et l'on trouve d'excellentes bottes dans le commerce à des prix beaucoup plus abordables.

« *L'Europe veut supprimer la carte famille nombreuse de la SNCF.* » Faux : elle veut élargir ce privilège et en faire bénéficier les travailleurs transfrontaliers.

« *La Commission interdit l'utilisation de certains asticots à la pêche, car ceux-ci souffriraient d'un stress intolérable lorsqu'on les fixe au bout de l'hameçon.* » Ce ragot a pour origine la déclaration d'un député français à la télévision. On s'en doute, la Commission ne s'est jamais préoccupée des asticots.

« *La Commission a interdit la chasse à la tourterelle.* » C'est la loi française qui, dès 1969, interdit cette chasse. En 1979, le Conseil des ministres européen, à l'unanimité, a étendu cette mesure à tous les pays.

« *Bruxelles veut proscrire les fromages français au lait cru, reblochon, saint-nectaire ou pont-l'évêque, pour favoriser d'infects goudas fabriqués par les pays nordiques.* » Voilà de quoi tous nous émouvoir ! Cette rumeur date du printemps 1992, et malgré les démentis elle circule encore. Au contraire, Bruxelles a pris des dispositions pour que ces fameux fromages puissent circuler librement dans toute l'Union. Les normes communautaires, adoptées en juin 1992, sont calquées sur les normes françaises antérieures.

Mieux : l'Union a repris le système français des appellations d'origine contrôlée. Impossible de nommer camembert de Normandie un fromage fabriqué en Italie, ou champagne un mousseux du Rhin. Tout est ainsi protégé, jusqu'à la lentille du Puy (une petite production locale, puisqu'elle ne doit guère excéder 3 000 tonnes par an). Grâce à ces réglementations, certains fromages français oubliés — comme le laguiole — sont même réapparus.

L'Europe empêche les contrefaçons dont les premières victimes étaient autrefois les produits français. Ah oui, il reste le problème de la féta des Grecs, ce bon fromage de brebis. On fabrique de la féta au Danemark, et les Grecs sont furieux. Mais ils ont mal défendu leur dossier. L'Europe rend de grands services, encore faut-il savoir les demander à temps.

« *La Commission veut empêcher la fabrication des Gauloises, ces cigarettes typiquement françaises marquées du casque ailé, pour avantager le tabac anglais.* » Ou : « *La Commission réglemente le calibre des Gauloises.* » Bruxelles ne s'en est jamais pris aux Gauloises, pas plus qu'à la baguette française ou au béret. Les aventures de la Gauloise et de la Gitane relèvent exclusivement de la politique commerciale de la Seita.

« *Bruxelles veut supprimer la législation française sur le congé maternité.* » Faux : une directive a imposé un congé maternité minimum de quatorze semaines, ce qui fut un progrès pour des pays comme l'Espagne, le Portugal et le Royaume-Uni. La France, elle, accorde librement seize semaines. Comme pour toutes les mesures sociales, l'Europe s'est imposé une clause de non-recul : aucun État ne peut tirer prétexte d'une directive de Bruxelles pour faire régresser sa propre législation.

« *Nous allons être inondés de mauvais chocolat bourré de graisses animales, autrement dit du chocolat à la vache folle, comme en fabriquent les Anglais.* » Il est vrai que dans un premier temps le Conseil des ministres avait avalisé la thèse britannique. Mais le Parlement européen s'est prononcé contre l'utilisation du label chocolat pour des produits qui n'auraient pas une forte teneur en cacao. La France et la Belgique, gros producteurs sensibles à la qualité, se battent avec énergie ; l'Allemagne et l'Autriche les ont rejoints ; les Britanniques reculent. Le débat n'est pas clos.

Pourquoi toujours se figurer en victime alors qu'il s'agit souvent du contraire ? Cette névrose n'est pas propre à la France, et les Britanniques inventent autant de méchantes rumeurs. L'année dernière le *Sun*, grand journal anglais que beaucoup qualifient de « presse de caniveau », a titré en pleine page : « Pas touche à nos chiottes. Luttons pour sauver les cabinets britanniques ! » Tu ne sais peut-être pas qu'au Royaume-Uni les chasses d'eau, perfectionnées au XIXe siècle par un plombier nommé Crapper, ont l'avantage de ne jamais fuir, mais l'inconvénient de consommer davantage d'eau et de coûter plus cher. Le ministre britannique de l'Environnement a donc autorisé l'usage des chasses classiques, moins sûres mais plus économes. Horreur ! L'Europe fut aussitôt rendue responsable : elle voulait imposer aux Anglais si délicats les horribles cabinets continentaux, toujours sales et détraqués, et bannir l'ingénieux système de M. Crapper. Tu devines que Bruxelles ne s'est jamais préoccupé de la taille des réservoirs et de la forme des siphons, et que la Commission se fiche parfaitement de la façon dont les Britanniques font caca. Le « pays des WC propres » s'est donné une grande peur pour rien.

Il se raconte au Royaume-Uni tant de ragots anti-européens que le Foreign Office, le ministère des Affaires étrangères britannique, publie régulièrement une petite brochure très rigolote pour les démentir. La France devrait bien en faire autant.

Morale : méfie-toi des arguments et des fausses précisions indéfiniment ressassés. Les hommes et les journaux partisans finissent souvent par dire ou imprimer des *craps*, mot tiré du nom de ce célèbre M. Crapper. En anglais très vulgaire, *crap* signifie bêtise.

Les affirmations anti-européennes barbottent fréquemment dans le fantasme. L'administration communautaire — je te l'ai déjà démontré — est proportionnellement moins nombreuse que les diverses administrations nationales, et les décisions de Bruxelles sont la plupart du temps le fruit de négociations entre ministres des quinze pays réunis en conseil. Mais ces ministres, une fois rentrés chez eux, se gardent bien de rappeler qu'ils sont co-responsables de dispositions parfois impopulaires. Leur franchise aiderait pourtant nos concitoyens à mieux comprendre le fonctionnement de l'Union. Les décisions communautaires procèdent la plupart du temps de concessions mutuelles. Cet art du compromis est familier aux gens du Nord, mais trop souvent étranger à notre culture politique latine, qui lui préfère volontiers l'affrontement et la polémique. Il est passionnant de suivre au fil des ans les principes nés de ces arbitrages consentis en commun par des démocraties de traditions différentes.

Les Britanniques n'ont pas de Constitution écrite, ils croient au pragmatisme et à la loi ordinaire. Les Allemands doivent à Hegel, l'un de leurs grands philosophes, une conception plus unitaire de la société que celle, individualiste, de Voltaire. La France est un pays de fonctionnaires. Elle pratique le culte de l'administration, la manie de légiférer à tout propos comme si, incapable d'initiatives ou forcément suspect, le citoyen devait obéir en toutes choses à une raison d'État imposée d'en haut. À proclamer sans cesse que son système est supérieur aux autres, elle entretient une réputation d'arrogance qui nuit parfois à ses intérêts.

C'est bien de ce sentiment d'une supériorité insuffisamment reconnue, ou carrément perdue, que se nourrissent les nostalgiques de la grandeur française. À les entendre, celle-ci serait immanente, elle aurait pour les autres valeur universelle. Oui, les idéaux de la grande Révolution ont gagné le monde. Mais au cours de l'histoire, tu l'as vu, les conquêtes françaises en Europe n'ont pas toujours laissé d'excellents souvenirs.

Quitte à se vanter, il vaudrait mieux reconnaître que depuis la guerre la construction européenne doit beaucoup aux projets et aux méthodes françaises. Jean Monnet était français, Jacques Delors aussi.

Pourquoi vitupérer l'Europe alors que l'idée d'une monnaie unique, l'euro, est née à Paris ? Pourquoi refuser de comprendre que l'Allemagne, en renonçant au mark, — symbole de sa puissance retrouvée —, a fait un réel sacrifice, et que ses dirigeants y ont risqué leur popularité ? Allons, si l'Allemagne avait voulu dominer l'Europe, elle n'aurait pas signé le traité de Maastricht : il lui était plus simple, après sa réunification, de coloniser pour commencer l'Europe de l'Est.

En matière de désinformation et de myopie, les adversaires de l'euro nous ont fabriqué des chefs-d'œuvre. Dans un premier temps, puisqu'à leurs yeux l'euro n'était pas souhaitable, ils le déclarèrent impossible. Les faux prophètes ! Ils nous ont expliqué que la monnaie unique ne verrait jamais le jour, que nos économies et donc nous-mêmes — citoyens, contribuables et consommateurs — ne serions jamais capables de la discipline nécessaire, que les Allemands se retireraient, que les Italiens feraient tout capoter. Ils ont annoncé et espéré l'échec jusqu'au dernier instant. L'euro est là. Ils se sont publiquement, gravement trompés. Aujourd'hui, ils projettent leur erreur dans l'avenir et prédisent toujours de grands malheurs.

Bien sûr, la monnaie, les marchés ne représentent pas des fins en soi. Ils sont les outils de la mesure et de la création des richesses, mais ils expriment aussi un état d'esprit, une ardeur, un optimisme qui dessinent davantage le vrai visage de l'Europe que les jérémiades sur la fin de son histoire.

Les entendra-t-on un jour reconnaître leurs torts, tous ces hommes politiques qui, au risque de se renier discrètement par la suite, ont lancé leurs contre-vérités, cultivé nos craintes et nos complexes, nous confortant dans l'illusion et la nostalgie ? Étaient-ils opportunistes en combattant l'euro, parce qu'ils pensaient que le chauvinisme l'emporterait ? Ou en s'y ralliant, parce qu'on ne peut plus prétendre gouverner la France d'aujourd'hui en s'opposant aux avancées européennes ? Hélas, probablement les deux. En politique, la première punition s'appelle le ridicule.

Les survivants de cette bataille perdue, à droite comme à gauche, donnent dans le sentimentalisme. Puisque la majorité des Français adhère désormais à l'idée européenne, même si les progrès de l'Union ne suffisent pas à dissiper toute crainte pour l'avenir, un quarteron de politiciens, d'intellectuels, de journalistes joue les passions françaises faute d'arguments rationnels. À les entendre, qui croit à l'Europe n'aime pas assez la France, sa grandeur, son histoire, sa terre, ses paysages, ses fromages. Les partisans de l'Union européenne serient des déracinés du cœur, des déstructurés de la mémoire, des ingrats, à la limite des renégats et des agents, conscients ou inconscients, de l'étranger, des fils indignes de sa douceur et de sa grandeur. Ce nationalisme farouche gomme volontiers les taches de l'histoire. Ses champions le cultivent chez eux et pour eux, mais dénigrent semblables émotions chez leurs voisins anglais, allemands ou danois. Ceux-là n'ont pas le droit d'aimer leurs traditions et leurs racines. S'ils le font, c'est qu'ils sont hostiles, dangereux : de futurs envahisseurs. Comme si l'Europe n'était pas riche de toutes ses mémoires, de toutes ses différences, et d'une aventure à mener au-delà des divisions et des rancunes. Crois-tu que ce soit une belle façon d'aimer la France que de chercher à l'isoler pour l'abandonner seule aux brutalités de la concurrence internationale ?

Et puis l'avenir. On devine bien les grands blocs qui vont composer l'histoire du XXIe siècle : l'Amérique du Nord bien sûr ; l'Amérique du Sud, qui cherchera à s'unifier et qui, pour contrebalancer l'influence des États-Unis, voudra se rapprocher de l'Europe au nom de ses origines latines ; l'Inde, pour l'instant autarcique, deuxième population du monde ; la Chine, première population du monde ; l'univers musulman solidaire jusque dans ses divisions... Cela fait cinq énormes entités, sans parler de la Russie. Il tient à nous que l'Europe forme la sixième. Nous voyons que le XXe siècle s'efface, et sa dangereuse composition, — les deux géants américain et russe accompagnés par près de deux cents nations éparpillées, soumises ou rebelles. Dans l'ère des gros ensembles, les pays solitaires seront marginalisés, oubliés, appauvris.

Pourquoi l'État-nation serait-il le seul mode de gouvernement des peuples, la seule forme de leur bonheur et de leur liberté, l'expression supérieure et définitive de l'organisation humaine ? N'oublie pas que, s'il a prodigieusement développé l'administration et les richesses, l'État-nation a également engendré, au XXe siècle, les désastres et les horreurs de 14-18 et de 39-45. L'État-nation ne sera pas éternel, pas plus que toutes les autres configurations de notre histoire. Les Européens ont vécu sous l'Empire romain, les royaumes héréditaires divisibles entre les héritiers, la féodalité, les principautés, les monarchies absolues, les despotismes éclairés, l'anarchie, les ligues marchandes, les cités-États de la bourgeoisie ou de l'aristocratie… Aujourd'hui les Européens réinventent l'Europe, pour la première fois par la conjonction des démocraties.

Et si l'on veut parler de racines, d'histoires, de traditions et de passé, à ce compte-là, avec ses cinq siècles d'unité romaine, l'Europe est bien antérieure aux nations qui la composent. La France ne date pas de Clovis mais de Louis XI, les Pays-Bas du XVIIe siècle, l'Autriche des guerres napoléoniennes, la Belgique de 1830, l'Italie moderne de 1860, l'Allemagne de 1871… Nostalgie pour nostalgie, je préfère celle de l'unité européenne perdue, puis retrouvée : c'est l'avenir. À quoi sert d'y entrer à reculons ?

Ta génération y arrive résolument, avide de diversités culturelles et ethniques, avide de sentiments et de morale. J'aime que tu aimes la France, que tu connaisses ses visages, ses églises et sa gastronomie, que tu t'appropries ses richesses pour mieux connaître tes chances et agir à ton tour, que tu portes cet héritage, sans complexes, dans ton monde moderne. Ta France, ouverte et vibrante, ne se sépare pas de l'Europe.

10

PEUT-ON REVENIR EN ARRIÈRE ?

Revenir en arrière ? C'est à la fois possible et impossible.

En histoire, rien n'est irréversible, et les régressions les plus invraisemblables ont fini par se produire. Je ne parle même pas de l'Empire romain ou de Charlemagne. Prends l'Empire austro-hongrois au début de ce siècle. C'était une entité multinationale qui réunissait les Autrichiens, les Hongrois, les Croates... La vie politique, l'économie avaient trouvé un équilibre, l'Autriche n'écrasait ni la Hongrie ni les juifs, et tous les vieux messieurs qui ont vécu dans cet empire m'en ont dit la douceur, la culture, le raffinement. Il a suffi d'une guerre perdue, en 1918, d'une dynastie jetée bas pour que l'édifice s'effondre. Les niveaux de vie ont fortement baissé, les nations ont été découpées ou regroupées. Le dépeçage a nourri les drames qui menèrent à la Seconde Guerre mondiale, il explique encore la guerre dans l'ancienne Yougoslavie. Ce fut une catastrophe, mais elle eut lieu.

Il en reste encore une vive nostalgie qu'incarne la dynastie des Habsbourg. Trois petits-fils de l'impératrice Sissi siègent au parlement européen, où l'on ne trouve ni Bourbon ni Windsor. Tu connais l'histoire d'Otto de Habsbourg auquel on demandait : « Monseigneur, avez-vous vu le match de foot hier soir ? — Lequel ? — Autriche-Hongrie. — Ils jouaient contre qui ? »

L'Union soviétique s'imposait aussi comme un formidable ensemble, politiquement et économiquement soumis au même parti et aux mêmes pouvoirs. Elle s'est affaissée, puis elle a explosé. Il en est sorti quinze ou seize pays, qui ont rétabli les droits de douane, qui ont fermé leurs frontières. Partout les niveaux de vie se sont écroulés, la guerre a éclaté ici ou là, un appauvrissement considérable.

Hélas, le désastre historique est toujours possible.

Mais la question que nous posent les anti-européens français est tout autre : peut-on, à la suite d'une élection, d'un référendum, interrompre le processus d'intégration, arracher la patrie aux menaces des bureaucrates de Bruxelles, rétablir la souveraineté perdue, ressusciter le franc, bref retrouver la France de toujours après un malencontreux détour ?

Suppose Charles Pasqua, grand chef des europhobes, porté au pouvoir par une secousse politique et un curieux enthousiasme populaire. Le voici à Matignon. Suppose que, sans une goutte d'opportunisme, ennemi des concessions, cet homme au caractère entier applique son programme avec l'appui d'une droite extrême et d'une gauche national-républicaine. Où nous mène cette politique fiction ?

D'abord, rétablir la souveraineté nationale. Cela suppose de reprendre une liberté face à l'ensemble commercial européen. Pas question de se laisser envahir par les produits étrangers. Produisons français, consommons français ! Il n'y a plus de droits de douane ? Charles Pasqua les rétablit. Bonne affaire : cela apporte des recettes supplémentaires pour le budget. Mauvaise affaire : les autres pays rétablissent eux aussi les droits de douane sur les produits français exportés. Or les deux tiers des exportations françaises partaient vers l'Europe. Terminé : il s'ensuit aussitôt une belle diminution des échanges. Le protectionnisme a toujours engendré l'appauvrissement.

En gros, la moitié des usines françaises, plus de la moitié des exploitations rurales travaillent pour les marchés de l'Union et le reste du monde. La France s'était imposée comme le quatrième exportateur mondial. Terminé. Que fait-on ? On ferme ? On nationalise ? On subventionne ? Le chômage grimpe, les gens râlent, les syndicats — même les anti-européens — manifestent.

La politique agricole commune en prend un coup. Je t'ai montré que la France, étant la principale productrice agricole d'Europe, en est la principale bénéficiaire. Mais seul un accord européen convainc les autres pays de contribuer. Pourquoi les Hollandais accepteraient-ils de payer plus cher, aux prix fixés par l'Union, des produits agricoles français alors qu'ils pourraient trouver l'équivalent moins cher sur le marché mondial ? S'ils perdent les avantages de l'Europe — l'ouverture du marché français —, ils voudront en perdre les inconvénients — le coût de la PAC.

Faute de débouchés, l'agriculture de Charles Pasqua se retrouve en situation de surproduction. À ce moment-là deux possibilités : soit on ferme des exploitations et on envoie les paysans à l'ANPE ; soit on diminue les prix. En général, dans ce genre de situation, on fait les deux à la fois, — ce qui précipite les jacqueries.

Troublés par le chauvinisme de Matignon, les investisseurs étrangers se détournent. Pourquoi investit-on en France quand on est américain, japonais ou coréen ? Parce qu'à partir de la France on peut toucher le marché européen en bénéficiant des talents français. Cette perspective disparaît. Une grande marque automobile ne va pas implanter une usine si ses voitures *made in France* subissent des droits de douane importants à l'entrée de l'Allemagne, sous prétexte que la France est en froid avec l'Europe.

La crise, une monstrueuse crise économique, balaie le pays gouverné par Charles Pasqua.

Et l'euro ? Comment s'en défaire, comme reconstituer le franc ? Personne n'aurait confiance dans cet ancien franc, pas même les Français. Charles Pasqua doit rétablir un contrôle des changes, et sévère, de type policier. La mesure semble si odieuse que Charles Pasqua en perd le pouvoir, poussé dehors par un sursaut du monde politique, sinon par la rue.

« L'autre politique » dont se réclament les nationalistes de droite ou de gauche n'existe pas. Personne n'a su la définir au-delà des fanfaronnades et de la démagogie des veilles d'élections. Ce n'est pas la pensée qui est unique, c'est la réalité qui domine.

François Mitterrand a mis presque trois ans à le comprendre. En 1981-1982, il a cru que la France pouvait mener ses affaires sans se soucier de l'environnement, inventer un socialisme alors que les autres dénationalisaient, encourager la relance quand l'Europe craignait la récession. En juin 1982, il bloque les prix et les salaires ; en juin 1983, c'est réglé : la politique souveraine ne marchant pas, il a fallu rallier le concert européen.

Jacques Chirac, en 1986, met trois mois à s'incliner. On a oublié qu'en arrivant à Matignon il s'opposait à l'élargissement de l'Europe, refusait l'adhésion de l'Espagne et du Portugal au Marché commun. Il a vite renoncé.

1988 : François Mitterrand est réélu, il ne recommence pas les erreurs de 1981.

1993 : Édouard Balladur accepte sans discuter le traité de Maastricht, tout RPR qu'il soit, avec Charles Pasqua au ministère de l'Intérieur.

En 1995, Jacques Chirac recommence. Pour l'élection présidentielle, il mène une campagne fortement nationale, l'augmentation des salaires, la baisse des impôts, l'accroissement des dépenses de l'État. Il veut changer de politique et l'Europe devra bien s'en accommoder. M. Chirac est élu en mai 1995. Le 27 octobre, grand tournant : il explique l'importance de l'Europe, affirme que l'on va vers la monnaie unique et qu'il faut tout subordonner à cet objectif. Quatre mois pour changer.

En 1997, pendant la campagne des élections législatives, Lionel Jospin marque ses réserves devant l'Europe. Il dit vouloir renégocier les accords monétaires, renégocier le traité d'Amsterdam. Il gagne les élections. Il est nommé Premier ministre le jeudi ; le vendredi, il va à Poitiers et discute durant la nuit avec le chancelier Kohl ; le samedi matin, il est convaincu des nécessités européennes. Deux jours pour changer.

Avec Charles Pasqua au pouvoir, cela ne durerait probablement pas trois heures.

11

LE REGARD DES AUTRES

Comment nous voit-on, nous autres Européens ? À quoi, à qui ressemblons-nous ? Existons-nous dans le regard des autres, malgré nos complexités, nos hésitations, nos vanités, nos tâtonnements, nos chicaneries ? Perçoit-on nos élans et nos doutes, sait-on nos richesses, nos espoirs ? À force de vivre dans une culture aussi imprégnée que la nôtre par l'État-nation, à force de ne connaître de notre géographie qu'un découpage à l'ancienne, selon les frontières et les capitales, on a du mal à imaginer que, vu d'ailleurs, notre continent existe en tant que tel.

Il existe d'abord par le poids de son histoire, les empires conquis et abandonnés, les traces laissées sur d'autres rivages. L'Europe, selon les continents, c'est la mémoire de l'Angleterre et de la Hollande sur la route des Indes, ce sont le Portugal et l'Espagne découvrant les Amériques, ce sont la France et la Grande-Bretagne se disputant le Proche-Orient et se partageant l'Afrique. L'Europe, ce sont les colonies, avec leurs missionnaires et leurs prédateurs, leurs croisés de la civilisation, de l'école, de l'hygiène et leurs petits Blancs qui apprennent le racisme. L'Europe, ce sont « nos ancêtres les Gaulois » enseignés dans la brousse, ce sont des Zaïrois à l'accent belge, et le thé que l'on boit à l'anglaise du Kenya au Bangladesh.

Convaincus de notre déclin, empêtrés dans le souvenir de nos empires perdus les uns après les autres, dans le sang ou dans la honte, nous avons du mal aujourd'hui à comprendre l'envie qu'ailleurs nous suscitons, d'abord chez les plus pauvres. Par rapport à eux nous sommes riches, très riches ; ils le savent, et c'est chez nous qu'ils veulent s'installer. Ils envient notre prospérité, nos mœurs, nos libertés, nos produits de consommation. Ils sont de plus en plus nombreux, de plus en plus jeunes, alors que dans nos pays on fait moins d'enfants et que la population vieillit.

Quand nos économies avaient besoin de main-d'œuvre pour les besognes que les Français, les Allemands ou les Anglais ne voulaient plus accomplir, on les a fait venir en masse, les Maghrébins, les Turcs, les Pakistanais, les Africains qui aujourd'hui peuplent nos banlieues. Depuis les années soixante-soixante-dix, l'immigration a mis à l'épreuve notre capacité à les intégrer, selon la tradition française, à les assimiler, à la manière britannique, à les gérer, à la façon allemande. Aujourd'hui nos économies ont trop de main-d'œuvre non spécialisée, le travail change de nature : nos pays ont du mal à résoudre les problèmes que pose la présence de deux ou trois générations d'immigrés.

D'un pays européen à l'autre, ces problèmes sont identiques, même si les remèdes, les débats qu'ils suscitent restent souvent différents. Ce qui est vrai en matière d'immigration vaut aussi dans le domaine de l'éducation, de la sécurité sociale, de la délinquance ou de la pollution : nos sociétés se ressemblent. Nos gouvernants commencent juste à l'admettre, alors qu'il s'agit là de sujets qui passionnent les opinions publiques. Retiens ce terme : « bonnes pratiques ». De plus en plus, les Européens comparent, d'un pays à l'autre, d'une tradition à l'autre, leurs bonnes pratiques, leurs solutions face à des problèmes communs. C'est une attitude nouvelle, et tout à fait captivante.

À cette échelle-là se précisent difficultés et menaces. Attirés par nos richesses, des centaines de milliers d'immigrants tentent, tous les jours, de mettre pied en Europe. Les Albanais nagent jusqu'à l'Italie, les Marocains passent le détroit de Gibraltar. De l'Afrique noire aux pays de l'est du continent, la misère du monde reflue vers nous. On ne peut l'accueillir toute, même si, selon le mot de Michel Rocard, la France et d'autres pays doivent en prendre leur part. S'il est dans notre tradition, et au cœur même de nos valeurs, de recevoir, d'où qu'ils viennent, les hommes et les femmes menacés pour leurs opinions politiques ou religieuses, nous ne pouvons accepter tous les demandeurs d'asile économique qui abandonnent leur pays pour cause de misère. Ne pouvant entrer légalement, ils contournent les postes frontières et s'installent dans la clandestinité.

Il est très difficile de lutter contre l'immigration clandestine, souvent organisée par des trafiquants de main-d'œuvre qui connaissent dans le détail nos lois, nos règlements et nos points de passage. Aucun pays n'y parvient isolément, même pas la Grande-Bretagne qui pourtant est une île. Supprimant entre eux frontières et passeports, quatorze pays de l'Union (manque la Grande-Bretagne) ont créé, depuis l'accord de Schengen, un espace commun qui les contraint, déjà, à faire travailler ensemble leurs services de police et de douane. Mais on voit qu'ils devront bientôt harmoniser leurs politiques en matière d'immigration et de droit d'asile. Que les Italiens ouvrent leurs guichets, les plus chanceux se précipiteront en France ou en Allemagne dans l'espoir d'y trouver du travail. S'ils ne réussissent pas là, ils tenteront de passer en Hollande ou en Angleterre. La coopération bilatérale ne suffit pas : à la frontière de Vintimille, policiers français et italiens contrôlent ensemble, mais en appliquant des règlements différents. Résultat : les gens qu'on refoule d'un côté tentent à nouveau leur chance de l'autre, quelques jours plus tard.

Cette pression humaine, économique, démographique ne fera que s'accentuer avec les années. Tu comprends bien que c'est à l'échelle de l'Europe entière que l'on doit gérer, tant bien que mal, ce grave problème des flux migratoires ; ce sera l'un des enjeux du siècle prochain. Voilà pourquoi le traité d'Amsterdam, dernier texte en date négocié entre les Quinze, prévoit une compétence commune sur ces questions.

Autre miroir pour notre Europe : le désir, l'espoir qu'elle suscite chez les autres Européens, ceux de l'Est, longtemps abandonnés au glacis communiste. L'élargissement, selon l'expression consacrée dans le jargon communautaire, s'annonce compliqué pour les institutions de l'Union, et pour leur budget. Mais il est politiquement, culturellement inévitable.

Pologne, Hongrie, République tchèque rivalisent d'efforts pour répondre aux conditions d'entrée qui leur ont été fixées : performances économiques certes, mais aussi garanties démocratiques et juridiques. La Bulgarie, la Roumanie, loin du compte, contiennent mal leur impatience. Les pays Baltes frappent à la porte. Pouquoi une telle volonté, que partagent là-bas les opinions publiques, les dirigeants politiques, les acteurs économiques ? Parce que l'Europe de l'Ouest représente la richesse, la stabilité, la liberté, parce que l'Union distribue à ses membres des fonds et des subventions, parce que l'adhésion signifierait enfin le retour à l'Europe, l'appartenance à une histoire, à une culture longtemps communes. Cette aspiration est la plus touchante : elle relève de l'émotion, pas seulement des chiffres. L'Est retrouve ce sentiment d'appartenance à une Europe dont nous méconnaissons trop souvent nous-mêmes les palpitations du cœur.

Plus loin, la Russie. Là, depuis le XVIIIe siècle, les réactions sont mêlées. Tu sais que la Russie moderne fut créée au début du XVIIIe siècle par Pierre le Grand à Saint-Pétersbourg, comme une « fenêtre ouverte sur l'Europe ». À sa façon, la Russie a participé au siècle des Lumières. Au XIXe siècle, ses grands écrivains visitaient les nôtres, et Gautier, Dumas, Balzac, tant d'autres ont raconté leur voyage au Pays des Ours. Les classes supérieures parlaient le français plutôt que le russe et Tolstoï lui-même a écrit une part de *Guerre et Paix* directement dans notre langue. Mais il existait aussi une tentation orientale, conservatrice, grand-russe, celle que Staline a si bien incarnée en se méfiant de Saint-Pétersbourg, rebaptisée Leningrad, et en lui préférant Moscou.

Débarrassée du communisme, amputée de son empire, la Russie est toujours partagée entre ses pulsions chauvines et ses désirs occidentaux. Elle commerce peu, surtout des matières premières, elle voudrait plus acheter que vendre. Elle est malade d'une paresse soviétique mal éradiquée, d'un capitalisme naissant qui n'a pas su trouver ses lois. Ne l'accablons pas : dans nos pays aussi, les premiers capitalistes ont souvent été des forbans, — mais c'était il y a deux siècles.

Si tu vas à Moscou ou à Saint-Pétersbourg, tu verras à quel point les Russes nous ressemblent :

nous partageons la même civilisation, nous retrouvons là-bas notre culture, et une architecture inspirée de Byzance, des Grecs et de l'Italie. Sous le communisme, la Russie fut la deuxième puissance du monde et une grande menace. Aujourd'hui qu'elle est malade, nous serions fous de détourner la tête.

L'Europe, heureusement, n'est pas qu'une forteresse assiégée, arc-boutée sur son niveau de vie, crispée sur ses richesses et ses avantages acquis. Elle est aussi, parmi les nantis, la partie du monde qui donne le plus aux autres, qui contribue le plus aux budgets des pays en voie de développement, qui distribue le plus d'aide humanitaire en cas de catastrophes. On l'ignore trop souvent : en termes publicitaires l'Europe ne sait pas vendre son image.

Je ne vais pas t'ennuyer avec des chiffres. Sache simplement que l'Office humanitaire de la Commission, surnommé ECHO, est, dans ce domaine, le premier bailleur de fonds. Il finance aux deux tiers les organisations non gouvernementales qui se consacrent à la solidarité, à la charité et à l'assistance. Celles-ci ne l'admettent pas volontiers : sans Bruxelles, elles ne pourraient plus faire autant de besogne, même pas Médecins sans frontières ou Médecins du monde, que tu connais et qui comptent parmi les plus grosses. On a critiqué ces derniers temps la gestion d'ECHO, ses méthodes, il n'empêche : sans les fonds européens, il y aurait davantage de famines, de misères, d'enfants malheureux dans le monde, de morts. Regarde bien les reportages que la télévision ne manquera pas de diffuser s'il y a quelque part, hélas, de nouveaux massacres, un tremblement de terre ou d'autres disettes : partout tu reconnaîtras sur les véhicules et les caisses du secours le sigle de l'Europe.

Il y a le malheur des hommes, mais aussi l'infortune des États. À chaque crise financière majeure, comme celles qui ont ébranlé récemment l'Asie, la Russie ou l'Amérique latine, l'Union européenne est, avec les États-Unis, le plus gros pourvoyeur de fonds publics et privés. Normal : nous sommes riches, même si chacun de nos pays comporte ses poches de misère. Paradoxe : la puissance que pourrait engendrer cette présence massive dans la solution des crises, l'Europe ne l'assume pas. Elle n'a pas une ambition à la hauteur de ses ressources et de ses actions. Les États qui la composent la lui refusent ; prisonniers de leurs schémas traditionnels, ils restent jaloux de prérogatives dépassées, alors qu'isolément aucun d'entre eux n'a plus les moyens de ses prétentions.

C'est là que s'inscrit la grande faiblesse de l'Europe des Quinze. Elle se montre incapable de définir et d'imposer une politique extérieure commune, sauf en catastrophe, comme au Kosovo. Les tergiversations paraissent d'autant plus dangereuses qu'avec l'explosion de l'ancienne Yougoslavie la guerre a frappé l'Europe elle-même. Croatie, Bosnie, Kosovo… des haines séculaires se réveillent. Devant la chronique à répétition des tragédies prévisibles, nous sommes incapables de prévenir, tout juste bons, quand il est trop tard pour les morts, à nous lamenter et à dépêcher des secours.

Que faisons-nous, alors, de sommet en conférence ? Nous nous tournons vers les États-Unis, puissance tutélaire depuis un demi-siècle. L'Europe n'ose pas intervenir seule en Europe.

L'Amérique n'a pas un interlocuteur européen mais plusieurs. Voilà qui convient à ses intérêts, même si elle affirme son désir d'avoir un vrai partenaire qui la décharge régionalement de son rôle de gendarme. Il est prévu, je te l'ai dit, de nommer un monsieur ou une madame Politique étrangère commune. Hélas, gageons que ce terrain-là restera longtemps en friche.

Et l'Amérique, comment nous voit-elle ? La superpuissance du monde est aussi une société multi-culturelle, pluri-ethnique, composée de communautés qui entretiennent volontiers les liens avec leurs terres d'origine. C'est ainsi que le président de Lituanie vient de Chicago, que la paix en Irlande du Nord doit beaucoup aux Américains d'origine irlandaise, que le cinéma, la cuisine, la musique américaines, la conquête spatiale n'existeraient pas sans les apports successifs des vagues d'immigration venues d'Europe. Pour des raisons de langue et d'histoire, la Grande-Bretagne bénéficie d'un lien privilégié avec son ancienne colonie ; sur le plan politique, on le vérifie à chaque crispation internationale. Mais les États-Unis s'habituent désormais à compter avec l'Europe.

Tu te souviens du plan Marshall cher à ton grand-père. Depuis un demi-siècle, les États-Unis ont soutenu et encouragé l'unification économique d'un continent dont nous avons longtemps sacrifié la moitié au communisme de guerre froide. Avec scepticisme parfois, quand les querelles intra-européennes leur paraissent trop picrocholines ; avec irritation, quand les intérêts commerciaux européens se heurtent à leur conception du libre-échange ; avec pragmatisme, quand l'euro apparaît, faisant mentir les faux prophètes, et s'impose face au dollar. Pourquoi une telle constance dans les rapports entre eux et nous ? Parce qu'en dépit des différends et des incompréhensions de passage, nous partageons des principes et des valeurs qui fondent, ici et là-bas, la démocratie. Après tout, ne leur avons-nous pas prêté Montesquieu, Locke et Tocqueville, sans parler de toute cette culture allemande — et d'abord juive — qui s'est réfugiée chez eux pour fuir le nazisme.

L'Amérique est aussi l'économie la plus prospère. Les Européens se battent pour conquérir des parts de marché, augmenter leurs exportations, participer à leur tour à la prospérité des États-Unis en y installant des filiales, en y achetant des entreprises. Sais-tu qu'on rencontre beaucoup de Français à Silicon Valley, haut lieu de l'invention informatique ? Que les Allemands, dans l'édition ou la banque, ont pris le contrôle d'énormes affaires américaines ? Désormais, les multinationales ne sont plus les seules à avoir le monde pour marché, des entreprises plus petites s'y mettent à leur tour. Les Européens se bagarrent les uns contre les autres, comme les Italiens et les Français, sur les marchés de la mode ou du vin. Là le chauvinisme reprend tous ses droits, les campagnes publicitaires le prouvent, rital et pizzaiolo contre baguette et béret. Voilà l'Europe moderne : l'unification économique, l'harmonisation juridique, mais, dans la liberté et la concurrence, l'épanouissement des différences qui sont celles de nos cultures et de nos intérêts.

L'ironie, bien sûr, c'est que, pour une bonne part, ce qui relie entre eux nos peuples d'Europe tient à notre américanisation commune. Des feuilletons télé aux McDo, du Coca au blue-jean — tout ce que tu adores —, les marques et les enseignes de la culture occidentale sont partout les mêmes, et gomment les différences du nord au sud de l'Europe. Notre langue franche est l'anglais. Notre culture indivise vient d'Amérique. Mais cette Amérique-là n'est-elle pas largement européenne ? Aujourd'hui encore, les meilleurs scénaristes d'Hollywood s'appellent souvent Homère, Charles Perrault, Rudyard Kipling, Conan Doyle ou Alexandre Dumas.

Reste que, sous peine d'asphyxie, les Européens doivent impérativement affirmer leurs différences, encourager la création chez eux, malgré un décalage d'échelle et de moyens qui devient préoccupant. Ton siècle, cher Alexandre, sera celui de la communication : là se créent déjà les richesses, se taillent les empires, se partagent les marchés, s'épanouit l'imaginaire. C'est avant tout dans ce secteur que l'Europe ne saurait devenir un simple comptoir américain.

12

LE RISQUE ET LE RÊVE

Cher Alexandre, pour toi plus encore que pour ma génération, l'Europe est notre prochaine frontière, notre utopie, notre réalité, notre romantisme, peut-être l'ultime occasion pour le peuple de France de parler haut dans le siècle prochain. Au-delà du commerce et de l'industrie, l'Europe a un message : il se nomme la démocratie, l'humanisme, les droits de l'Homme.

N'écoute pas ces hommes et ces femmes, romanciers, philosophes, politiques qui t'expliquent que tout était mieux avant, et que l'avenir ne nous prépare que drames et incertitudes. L'Europe n'est pas vraiment faite, elle n'est pas parfaite : l'incertitude appartient à la condition humaine, comme le courage et l'esprit d'entreprendre. Les fausses certitudes du passé ne valent pas pour la jeunesse.

Je n'aime pas, tu l'as compris, ces anti-européens qui se masquent derrière une Europe de fiction et de nationalisme régressif. Si nous n'avançons pas, nous retomberons dans l'ornière des guerres, des vieilles diplomaties qui finissent toujours par échouer, des alliances de revers fomentées contre une Allemagne enfin démocratique.

Nous vivons une période dure : la destruction des emplois, les inégalités criantes, le malheur des jeunes à la dérive, leur violence, toutes les idéologies ébranlées ou à terre, l'absence d'idéal, les religions plus opposées que fraternelles et ici ou là — plus souvent ici en France, d'ailleurs —, la menace du fascisme. La génération de tes grands-parents elle aussi a connu cela, qui s'est terminée avec Staline, Hitler et le second conflit mondial.

Les vieilles fractures qui mènent à la guerre existent encore en pointillés. Lorsque la Yougoslavie a éclaté en 1991, les Allemands se sont naturellement portés du côté des Croates, les Français se sont sentis proches des Serbes, souvenirs mal éteints de 1914 et 1941. L'Europe a brisé le jeu renaissant des alliances, mais le malentendu entre le chancelier Kohl et le très pro-serbe président Mitterrand a laissé la guerre s'étendre dans les Balkans, la purification ethnique, les camps de concentration, les villes assiégées comme au XIXe siècle. Il a fallu un sursaut de la raison européenne et la pression américaine pour étouffer tardivement le conflit, et sans garanties, quitte à ce qu'il renaisse peu après au Kosovo. Alors, doit-on nourrir le nationalisme chez nous pour l'encourager là-bas, à deux heures d'avion de Paris ?

Il n'est pas de bonnes guerres, et seule l'Union européenne peut nous en préserver. Comment faire pour que la concorde soit une aventure plus exaltante que la lutte ? À l'Europe autrefois conquérante, il reste cette conquête, celle de la paix, dans ses banlieues comme dans les Balkans ou en Afrique. Tels s'imposent pour le XXIe siècle le rôle et le salut de notre continent.

La paix, la démocratie, le développement et l'usage de notre richesse, voilà une aventure. Celle-ci ne peut avoir indéfiniment le visage des traités et des règlements. Je le vois à travers toi et tes copains : il y a une Europe de la jeunesse, de ses voyages et de ses musiques, de ses images. Cette Europe-là doit rencontrer l'Europe de Bruxelles et des États, qui en ont bien besoin. En 1992, le référendum sur Maastricht fut vécu comme une corvée, le spasme technocratique d'une Union en circuit fermé. En 1999, la crise des institutions a nourri le pauvre argumentaire des europhobes. Les autorités communautaires savent mal expliquer elles-mêmes leurs difficultés comme le rêve qu'elles portent. Qui donc enseigne à la jeunesse le courant, l'élan qui pousse de nombreux pays, en particulier de l'Est, vers l'Union européenne dans le même temps où de nombreux Français se plaignent de l'Europe ? Qui dira l'urgence de leur répondre ? Qui pense donner un sens à un élargissement qui semble se régler uniquement à coups de négociations, de TVA et de quotas ? Comment la jeunesse voit-elle l'Union ? Comme on la lui montre : des portières de voiture qui claquent, un ronron de bureaucrates intelligents, un scandale à Bruxelles, des effets pervers et des contraintes que l'on découvre après coup.

Avec l'Europe l'explication vient toujours trop tard. Pour ceux de ton âge, ses bienfaits sont acquis, tu les crois tout naturels et conçois mal qu'une petite poignée d'hommes entêtés a dû se battre étape par étape pour y parvenir. Ils furent bien les seuls à montrer un enthousiasme : c'est à nous, et à toi, de reprendre l'affaire à notre compte. Les pays s'additionnent : on perçoit mal le dessein général, le débat public fut rarement à la hauteur de l'enjeu. Il faudra bien revenir sur ce projet de Constitution européenne adopté il y a quelques années par le Parlement de Strasbourg, pour rendre la démocratie lisible et vivante à l'échelon européen comme elle l'est à l'échelon local.

Nous voyons déjà naître sous nos yeux une Europe des villes et des régions. Toulouse regarde vers Barcelone, Lille vers Bruxelles, Strasbourg peut se rapprocher de l'Allemagne sans qu'on nous l'arrache et les Bretons, désormais, se tournent vers l'Angleterre. Cela n'ôte rien à la France, à ses inventions et à sa diversité, mais les enrichit chaque matin.

L'Europe n'a pas d'expérience politique sur laquelle s'appuyer, pas plus que l'Assemblée nationale de 1789 n'avait de modèle pour lancer les droits de l'Homme à la face du monde. Les États-Unis se sont construits sur des territoires à peu près vides, on y massacra des Indiens pour s'étendre plus à l'aise et le dollar naquit dans le sang d'une guerre civile. Jusqu'à présent, sur notre continent, on n'a jamais rassemblé les peuples que par la contrainte. Une libre confédération qui évoluera vers la fédération, s'appuyant à chaque pas sur ses élus et le suffrage universel, cela ne s'est jamais vu.

Nous devons construire l'Union européenne avec des États anciens, grinçants, rancuniers, que de vieilles haines opposèrent. Chacune des frontières qu'on te montre existe dans la tête des gens, elle les protège, les caractérise, les contraint ; il vaut mieux se souvenir de la Renaissance et des Lumières. L'Europe d'aujourd'hui est une prodigieuse invention, et d'abord celle bien inachevée d'une démocratie pour 373 millions de personnes, sans que les cultures n'y perdent leur identité. Les obstacles sont immenses.

Depuis quand les difficultés rebuteraient-elles la jeunesse ?

Nous remercions pour leur aide Françoise Casals, Renaud de Chazournes, Léon Mercadet, Patrick Rambaud, Cécile Romane, Jean-Pierre Séréni, et bien sûr Alexandre Kouchner.

Table

Ce volume a été composé
par Facompo, Lisieux
et achevé d'imprimer en mars 1999
par **Bussière Camedan Imprimeries**
à Saint-Amand-Montrond (Cher)
pour le compte des éditions Robert Laffont
24, avenue Marceau, 75008 Paris

Dépôt légal : mars 1999.
N° d'édition : 39869-01. N° d'impression : 991529/4.

Imprimé en France